著／賽門‧隆斯塔夫

譯／馮奕達

EVERYDAY
ETHICS
written by
SIMON
LONGSTAFF

為什麼

你這樣想，

他那樣做？

日常倫理學的

思辨與解答

劍橋哲學博士
親擬96道日常選擇，
519個延伸思考，
揭開生活大大小小
決定背後，不同的
哲學思考運作！

本書謹獻給蘇西‧隆斯塔夫（Suzie Longstaff）

——我生命的伴侶，一位聰慧、善體人意且無比端莊的女子。

目次
CONTENTS

思辨讓你頭好壯壯考試一百分

朱家安

　　兩年來大考作文越來越入世,這造成一些同學和老師的困擾。

　　以二〇一九年為例,大學學測國文寫作考「國中小應該禁止含糖飲料嗎?」議題,國中基測寫作測驗考「青銀共居」。這對國高中教育來說都是挑戰,因為國文課本和傳統作文課都少見論說文,並且這些大考論說題目都要求學生回應實際社會議題。然而,論說是重要的表達能力,而能夠回應實際社會議題,則是民主社會公民捍衛自己權益的前提。作文題目的調整,並不是噱頭花招,而是讓大考更能測驗學生身為公民的基本能力。

　　我跟一些一線教師討論上述「教育難關」,他們認為這顯示了傳統國文教學的範圍限制:有些學生在作文測驗表現不好,甚至無法應要求在時間內寫出完整文章來闡述自己的想法,這並不是因為他們的詞彙量不足、文法不好、古文讀不夠多,而是因為他們**沒有想法**。他們平常沒有習慣思考社會議題,這讓他們缺乏下列關鍵能力來完成文章:

* 在社會現象中發現問題

- 把問題整理成可以處理的樣子
- 發想或尋找解決方案
- 評估解決方案
- 把上述思考過程整理成別人讀得懂的樣子寫下來

不難看出，這些能力之所以有意義，不只是因為它們可以協助你搞定大考作文，更是因為要是少了它們，你大概很難說自己是有觀察力、思考力和溝通能力的人。要嘗試培養這些能力，《為什麼你這樣想，他那樣做？日常倫理學的思辨與解答》是很好的入門，這本書提供近百則道德議題，每則議題有一到兩頁的簡短介紹概述常見論點或考量，也附上延伸問題。

方便的思辨練習題

身為哲學和批判思考講師，在我看來，書中格式對思辨練習非常友善，有很多方便實行的方法：

1. 讀完概述
2. 想想自己的想法
3. 以這些想法面對問題，看看自己能否說出個所以然來。也可以對自己比較有感的問題，寫個100-300字的回應

這是做得到的。下面是我給自己二十分鐘，讀完〈撫養孩子〉一節，並選擇作者提供的一個延伸問題，寫出來的練習短文：

Q. 你如何劃分可以接受與不可接受的教養作法？

　　孩子也是人，適用於一般人權的保護應該都適用於小孩。所以，除非有辦法說明為什麼家長有這些特權，否則我們應該接受家長不能對小孩做違反人權的事情，然而，家長能對小孩做的事情，明顯比陌生人多。這些特權背後常見的理由，來自家長對小孩的法律義務，以及家長養育小孩的事實。我們大致上可以同意家長分配小孩房間、決定小孩要上什麼托兒所和小學，以及當大家都在家的時候決定晚餐要吃什麼。不過我們可能無法同意家長用毆打的方式教育小孩，阻止國高中的小孩談戀愛，或者強迫小孩和自己接受同樣的宗教。值得注意的是，如同作者在〈撫養孩子〉裡提到的，家長往往有強烈願望，要讓孩子接受自己既有的文化，而這常常意味著小孩得要祭祖和上教會。對於這樣的家長，我認為我們或許可以想一個問題：你希望你的小孩在多方嘗試、自己想清楚之後自願選擇你認同的文化，還是希望小孩在沒有選擇的情況下、經由強迫灌輸來成為接受你價值觀的人？如果你認為前者顯示的人生比較有價值，可能會盡量避免各種強制手段，並對小孩的其他計畫保持開放。

　　參照上述提問和書中內容，你可以看出作者如何提供有意義的資訊和論點，來讓讀者快速理解議題，並藉由具體的問題，來啟動思考。掌握了具體的問題意識，從自行反思出的結論，讀者也可以更加理解，自己在各種議題底下的立場長得如何。

像上面這樣，每天或許只要花二十分鐘，就可以鍛鍊思辨和表達，不只國高中生受用，教師、上班族、自由工作者也一樣。

跟上時代的議題討論

除了以學習來說很實用，《為什麼你這樣想，他那樣做？日常倫理學的思辨與解答》的另一特色是從議題到意見都廣且新。他談動物實驗，談多元成家和網路霸凌，甚至也討論一群朋友出去玩，能不能有輪流請客的規範。作者談色情素材，除了言論自由與傷害，也討論A片可能改變人對性的期待和看法，這些看法取自十九世紀的哲學家約翰・彌爾，也取自幾十年來現代女性主義的進展。從這本書，讀者可以一次看見經時間淬鍊的哲學結晶，以及當代學者的新洞見。

作者介紹的意見你未必都同意，也不需要全都同意，但不能否認，這些都是社會上確實有人支持的說法，如果你同意，也許有一天你需要站出來捍衛，如果你不同意，也許有一天你需要站出來批判。

縱使全書包含的議題如此廣泛，假設你是明年要考學測的高中生，現實來說，我們大概不能這本書直接「猜中」你明年對遇到的學測寫作考題。然而，關注社會議題累積的不只是對個別議題的知識，也是理解問題、分析結構和評估解決方案的能力，投注時間心力養成後，這些能力會陪你一輩子，和你一起面對人生中大小事情。

用哲學，為人生定錨

林靜君

二〇〇七年，我在伊朗旅行時，滿心期待得以見證伊斯蘭社會中的一項重要措施——查詢電話。這並不是像台灣一〇四查號台那種提供機構或商家電話查詢的服務，而是讓伊斯蘭教徒在生活中遭遇疑似與教義衝突的事件時，得以尋求諮詢、確認應對之道的諮詢服務；畢竟，可蘭經的內容就是一套生活規範。

多麼實際的巧思啊！有了這樣的電話查詢服務，當我們在日常生活中產生如下困惑時，就有個可以信賴的諮詢對象了：「要是再考不好就會被爸媽嚴懲，可是聽說這次的題目很難，可以寫小抄嗎？」、「實在無法接受某長官／同事的某言行舉止，該明講請他改善嗎？講了好像會破壞工作環境的和諧／倫理，但是不講又難以繼續相處／工作……」、「環保餐具不停推陳出新，有了不鏽鋼吸管以後立刻出現證據證明不鏽鋼的製程並不環保，於是，玻璃材質、矽膠材質，植物萃取材質接力上市！該怎麼做才是真環保？」

「可以嗎？應該嗎？怎麼做？」這些問題充斥日常生活。在哲學上，他們被稱為倫理議題。本書作者賽門・隆斯塔夫對於

「倫理」提供了簡明易瞭的定義：倫理關乎我們所做的每一個決定，其中包含「價值」、「原則」和「目的」。而本書也花了相當篇幅，從何謂「價值」談起，說明價值的選擇可以多元，且其重要性的排序往往因人而異。

　　我們鬆了一口氣，知道可以同時堅持數個價值，不必追求擇一而終。但是，對於自己在諸多事件中的價值排序是否一致？以及我的排序原則為何？我們恐怕得要好好想一想，才能避免內心的道德衝突，產生無所適從的無助感。也就是說，我們得要有一套倫理架構，好接聽自己的諮詢電話！

　　因此，本書不是一本索引，用來提供令人安心的指引。它的目的是帶領讀者展開哲學思考，把哲學的思考方式當成工具，幫助我們建立自己的價值體系，在人生中發揮定錨的作用。所以，在讀完作者的序文，理解了何謂倫理議題，並且掌握到進行倫理思考的決定性面向（價值、原則與目的）之後，讀者並不需要依照章節順序閱讀，而可以自由地選擇最有感的題目，看看哲學家提供了哪些思考的線索。

　　以〈動物福利〉與〈動物與產品試驗〉這兩個恰好被排在一起的題目為例。作者首先描述未經思考時，人們往往如何看待動物的意義，繼而分析當今包括學界與動保團體對於此議題的思考取向，最後呈現目前的困境。緊接在每個題目的內文之後的，是數個子題。透過思考這些子題，我們可以一點一點地釐清自己的立場：「除了使用動物之外，是否有適合的替代方案？」、「我們跟動物的界線該畫在哪兒？我們關心螞蟻的方式，應該跟我們關心貓或狗的方式一樣嗎？」

　　讀者可以在共計九十六個題目的內文之後，慢慢咀嚼作者所附上的子題。如果感到一個人的思考難免有失周全，也可以直接拿這些子題去找人討論（是的，就像兩千四百多年前的蘇格拉底那樣，為了追求知識與真理，到處找人討論！）。

　　由此可知，先思考子題也是適合本書的閱讀方式。在進入作者的論述脈絡之前，先檢視自己既有的立場，把作者當成對話對象，在閱讀內文的過程中，嘗試反問作者：「所以你的意思是？」、「你如何確定你的論點？」、「關於此，還有其他論點嗎？」接下來，除了找人討論之外，更可以自行搜尋更多資訊，來解決心中的疑惑，同時幫助自己做出判斷、建立價值排序。

　　誠如作者所言，個體以及社會，乃至國家，很可能受到時局等因素的影響而微調價值上的排序。這並不致於產生倫理矛盾，只不過，當這樣的狀況發生時，我們必須知道自己為何而調。總而言之，倫理議題由於牽涉我們所做的每一個決定，所以是我們必須時時有意識地對它們進行反思的生命議題。

　　除非打算邁向哲學學術工作，否則，我們大可以輕鬆地把哲學視為一種工具，它讓我們知道如何思索重要議題，卻並不給予標準答案。因為，正如蘇格拉底所說的：「我所知道的是：我什麼都不知道。」既然經過思考、對話與論辯後，我可能發現更接近真理的事實，那麼，推翻過去的信念，修改自己的觀點便是合理且必要的。

前言
PREFACE

　　本書要談的是「如何活出完整的人性」。

　　就我們所知，人類是唯一不完全受到本能與欲望的鎖鏈所綑綁的物種。沒錯，我們會受到本能、欲望與情感的驅使。沒錯，我們的選擇經常受到環境所局限，而環境卻又不受我們控制——比方說我們的出身。不過，無論我們經歷什麼樣的局限，身為人類的我們都能「超越生物的限制」，舒展自己。簡言之，我們可以選擇採取與本能、欲望的要求相反的方式來行動。即便身處最為受限的範圍內，即便我們的選擇僅限於對所面臨的處境做出回應，我們還是有選擇。

　　這是了不起的事。

　　大自然的力量——風、潮水、地震等等——每每讓人類的力量相形見絀。然而，那樣的力量卻是盲目的、不加思索的。我們地球上的其他生物型態也許更強壯、更快速、更有組織等等，可即便如此，牠們擁有的自由似乎卻達不到人類所享有的程度，無法憑藉行使有意識的選擇來形塑世界。

　　這種力量既能為善，亦能作惡。

　　那麼，我們該如何選擇？我們應該成為哪一種人？我們應該奉獻心力，去創造哪一種世界？一旦我們把「我們」這個代名詞替換成「我」，這幾個大問題就會變成非常個人性的挑戰：**我**該如何選擇？**我**應該成為哪一種人？**我**應該奉獻心力，去創造哪一種世界？

　　倫理學正是能幫助我們回答這些問題的哲學分支。倫理學同時也是一類很實際的哲學，因為倫理學關乎於我們的**所作所為**──也就是我們對他人，對整個世界的表現方式。

　　書中處理的多半是實際的倫理問題。不過，在探討問題之前，會先有一段文字來介紹若干重要而有用的觀念與理論。過程中，我將為各位引介一套整體的架構，這套架構適用於各個時代與各個文化，而且既能影響，也能解釋人類的選擇。架構的**內涵**則因脈絡而異──但架構本身仍保持不變。我還會解釋「實際考量」（practical considerations）為何是倫理反思的一環，而非某些人以為的、彼此互相獨立的活動。

　　當然，不見得每個人都會認同我所主張的「我們的選擇確實有其重要性」。比方說，有人相信我們對於「選擇」的經驗只是一種錯覺，而大自然與世界的命運皆掌握在神或諸神的手中。這些人裡面，有不少都認為自己必須做的唯一一項重大選擇，就是要不要順服於這些神聖存有的意志──透過先知與祭司留下的經典、啟示與格言所表現的意志。

　　除此之外，還有人主張：對於「自由意志」的體驗只是一種錯覺，一切若非預先（由神聖的意志）註定，就是由無止境的因

果鏈所決定。

我固然可以根據神學、哲學與科學為立論點,做出支持自由意志屬實的主張,但這並非本書的目的。我寧可把自己的時間花在談談你我真實的共同經驗:我們是真有選擇,而且這些選擇確實能影響世界。

舉例來說,我相信那些選擇公開或傳播「復仇式色情」(revenge porn)的人,原本可以不要這麼做,因此他們必須為此造成的影響負責——包括其攻擊目標所做的任何自我傷害行為。我相信,假如我選擇購買一件五塊澳幣的T恤,我對於製作這件T恤的人所遭受的剝削就得負起共同責任——畢竟從價格來看,不難料到剝削存在。我相信,只要我撒謊,別人又根據我所提供的虛假資訊而行動,則我對任何造成的傷害都脫不了干係。

而我也同樣相信人類的選擇所帶來的正面影響。我相信我的購物選擇能對大公司施壓,從而打擊現代的奴役、動物虐待,以及環境破壞。我相信我選擇不使用塑膠袋的作法,有助於讓海洋更乾淨。我相信,尊重每一個人的內在尊嚴(intrinsic dignity)——縱使我對其他人所堅持的事物完全不贊同——可以讓社會更加文明。

*

我是透過古典文獻,尤其是柏拉圖的著作而認識哲學的;透過他的著作,我們才能知道蘇格拉底其人。我一開始與蘇格拉底相遇,是讀到他死前幾天的生活,讀到他遭到抽籤選出的男性公

民審判團判處死刑。蘇格拉底遭到兩項指控：不敬神以及腐化青年。他做了什麼腐化青年的事？他挑戰了當時的習俗與信仰。他教導並鼓勵年輕人去質疑自己生活中與社會上的一切——而且要為自己著想，而非屈服並接受傳統或長輩的權威。

蘇格拉底跟指控、審判他的那些人一樣，都是民主制雅典的公民，而雅典是當時古代世界首屈一指的城市國家。

當我說雅典是民主政體的時候，我也應該指出：唯一一種有權投票，或是出於己意出席會議與法庭的人，是自由身的男子。女人與奴隸並未享有這種特權，小孩也沒有。即便如此，即便公民權如此受限，雅典人身處一個寡頭、國王與僭主當道的時代，仍然是民主改革的先鋒。

蘇格拉底嘲笑他的判官們，彷彿故意要他們給自己判死刑。他們從善如流。接著他堅持要完成處刑。柏拉圖描繪出一幅從容赴死的畫面，由毒芹帶來死亡。但實際場面恐怕沒那麼好看。

自從知道蘇格拉底之死，我就想知道更多他的生平。他是做了什麼，把大家得罪成這樣？他在哪裡做這些得罪人的事？還有，他為什麼要這樣做？

蘇格拉底的生活有一點引起我的注意：他渴望在公共場所做實踐——通常是雅典的市場，希臘文寫作「agora」——也就是說，他把自己身為哲學家的角色與身為公民的角色結合起來。對他來說，去實踐哲學，就是作為公民的一環。

但我之所以對蘇格拉底感到入迷，一部分也是因為我在讀到柏拉圖的著作之前，早已發展出對生死這種「大哉問」的深刻關懷：我的母親瑪格麗特（Margaret）在我七歲時就過世了。這件

事和她死時的情況至今仍刺激著我，稍後我會在書中更詳細討論。

　　第二件對我的哲學取徑帶來重大影響的事情，則是我少年時在澳洲北領地（Northern Territory）度過的時光。

　　我離開學校的時候才十六歲，沒有錢可以讀大學（當年沒有就學貸款）。十七歲生日剛過三天，我就前往澳洲北領地安海姆地（Arnhem Land）東邊的格魯特島（Groote Eylandt），到必和必拓公司（BHP）擁有的錳礦場展開「服務員」工作（清潔工的委婉講法）。

　　在那裡工作——受到阿寧第亞誇（Anindilyakwa）原住民，甚至是阿里揚古拉（Alyangula）和恩永嘉（Ndunga）礦工的照顧——徹底改變了我。阿寧第亞誇原住民教我看世界的方法，與我在家中與學校的所學大異其趣。我還發現自己跟卡車司機、消防員、機械工、礦工、廚師與清潔工的對話都富含意義。我學到的哲學並非是「知識分子」所獨有，而是人人都能實踐的。

　　正是我在格魯特島所打下的基礎，讓我把市場中的蘇格拉底想像成某種「知己」——儘管他天資聰穎，但我最希望的還是效仿他的人格與堅持。

　　離開格魯特島之後，我的生命變得根本無法預料。我讀了點法律，接著拿教育學位畢業，然後在學校教書。我戀愛，失戀，接著又戀愛。我結婚了。後來劍橋大學抹大拉學院（Magdalen College）收了我，而我從清潔工到哲學家的路也就此完成——沒有別人想像的那麼大躍進。

　　後來，倫理中心（The Ethics Centre，成立的頭二十五年稱

為聖雅各倫理中心〔St James Ethics Centre〕）的工作機會出現了。我之所以深受吸引，是因為這份工作讓我有機會把哲學帶回街頭與市場——讓所有感興趣的公民都能接觸。

倫理中心已經完成了一些值得注意的計畫。比方說，我們幫助士兵做好心理準備，面對對抗伊斯蘭國與蓋達組織等敵人的戰爭。我們在二〇一八年那起「動比賽球手腳」（ball tampering）的醜聞後，深入檢討澳洲板球運動文化。我們幫助民眾釐清在生命終點前出現的艱難倫理選擇，並檢視某些案例中「根本不該把孩子生下來」的主張。我們舉辦了「危險思想節」（Festival of Dangerous Ideas）等活動，有成千上萬的人參加；我們也在偏遠的鄉間社區舉行小型聚會，有時候甚至只有幾個人參加。

蘇格拉底的理念正是繫著上述一切的一條金線：「經檢證的人生」（examined life）是人類最好的一種生活方式，而人人都能接受這種檢證。

有鑑於此，我寫了這本書。我意在鼓勵人們深入了解、從事哲學。儘管我會清楚表示我個人的意見，但我志不在鼓吹，也不為勸誘。正好相反，我想邀請你檢證、挑戰我的看法，以及這些看法所根據的理由。

書中討論的主題範圍相當廣泛。不到浩瀚的程度，只是廣泛而已。我徵求過別人的意見，問他們對什麼感興趣，或是覺得什麼對日常生活有其重要性。當然，我漏掉了一些明顯適合的主題；想必有人會這麼對我說。幸好這種書可以在網路上延續其生命，隨著時間增加段落，以填補缺漏。

書中處理的大多數主題會引發嚴肅的問題。有些問題的份量

之重，甚至值得專門為此寫本書。但我選擇盡可能簡短，像大家說的「直指核心」。我的目標不在平息爭議，而在引起反思與討論。我不打算幫「美好」生活寫手冊，而是提供地圖的依稀輪廓，在起伏的地形中引路。每個人都可以走出自己的旅程，在自己生命的駕駛座上找到自己的路。

　　我在書中表達的觀點，不盡然能支持我以前在其他場合、其他時候表達過的看法，這是很有可能的事。事情本來就該這樣：我們都會變，而現在說的這些就是我目前的想法。我要強調，這些想法屬於當下，只要有更好的論證、新的證據等等，都可以做修正。就像蘇格拉底，我對於「無知」感到自在。

　　哲學家不是什麼稀有品種。每個人都可以成為尋求智慧之人。我們不見得只能這樣或那樣。生而為人同時是個美妙卻又難以應付的挑戰。我們可以把挑戰中的某些元素擺到一邊，也可以選擇擁抱它們。

　　如果你打算讀下去，歡迎你來做我的旅伴。對整體哲學——特別是對倫理學的可能性保持開放。這種態度不見得只能是你所作所為的一部分，也可以是你之所以是你的一項特質。

走進倫理學
AN INTRODUCTION TO ETHICS

　　我們生活中的每一天都在做決定。有些決定影響重大，幾十年都不會忘，但大多數決定不會有人注意——無論是我們自己還是別人。不過，我們所有的選擇都有影響：整體來看，它們形塑了我們的生命，甚至是以細微的方式影響著世界。

　　我是買放養雞下的蛋好，還是買籠飼雞下的、比較便宜的蛋好？我要不要告訴我最好的朋友，說我看到她男友親吻另一個女孩？就算我奶奶幫我織的毛衣根本是全世界最醜的套頭毛衣，我是不是要對她說謊，說我會穿？

　　哲學家花了數千年思索人類的選擇所具備的普遍性質，也思索這些「選擇」如何能引導我們活出「良善」的生命。西方人把這類問題的討論稱為「倫理學」。

　　究其根本，倫理學試圖回答的是個簡單實際的程度彷彿唬人一般的問題，也就是古希臘哲學家柏拉圖說他亦師亦友的蘇格拉底所問的問題。蘇格拉底問的是：「該怎麼做？」

　　倫理學可以處理死刑、同性婚姻與安樂死等重大議題，但也

能廣泛運用於日常生活，而且切合實際。

　　生活中，我們常常得快速決斷，沒有時間冥思出神。比方說，要是有人身陷火場，「花時間爭辯有哪些選項」可就既愚蠢又不合時宜。有時間壓力啊。重點是，只要人們決定伸出援手，則每個做決定的人在救援行動中都有實際的義務。

　　我們所做的決定，會在世界上留下痕跡。不同的決定確實會造就不同的世界。

　　古埃及人不是不能改成興建令人肅然起敬的龐大巨石方塊。自由女神像不是不能做成男人的樣子。廣島市中心不是不能繼續存在。事情的規模有重如泰山，有輕如鴻毛——我們的建築，我們的科技，我們的流行——原本都可以是不同的樣貌。統統都是選擇問題。

　　偏偏人類不是每一種選擇都能帶來美麗、實用或無害的事物。選擇也會帶來死亡集中營、核子武器、集約畜牧、全球暖化，以及所有讓我們與這個大家所共享的行星統統墮落的事物。

　　讓我們想像一下，若我們能揭開這些改變世界的決定所具備的基礎結構，會是什麼樣子？幸好我們確實有能力如此，而關鍵就是倫理學。

　　有個人在很久以前就試圖這麼做：蘇格拉底。他會對我們做的選擇提出問題，促使人們自己思考。只是他未能善終。

蘇格拉底
SOCRATES

　　西元前三九九年，蘇格拉底被控兩項罪名：「不信神」與「敗壞雅典青年」。他身為公民的品行堪稱典範——他曾是勇敢的軍人，後來過著樸素的生活。但一些有權有勢的人反對他的教誨，原因是他會提出困難的問題，而這麼做等於對雅典社會中的傳統智慧投下一抹不信任的陰影。蘇格拉底的質疑害某些知名公民看起來像傻子，因為這些人口口聲聲自己在法庭和其他地方主持正義，而他的質疑揭露了這些人其實不懂正義等概念。

　　假如我們相信柏拉圖對蘇格拉底生平的說法，看來蘇格拉底顯然不是故意讓別人出醜。他一以貫之的主張是，無論自己擁有什麼樣的智慧，那都是因為他了解自己懂得的其實不多。正是因為這種對無知的體悟，才讓德爾菲（Delphi）阿波羅神廟的神諭視他為世上最睿智的人。蘇格拉底偏愛以對話（elenchus）為工具，來探索自己知識的極限。然而，有些人認為自己對身為公民所必須了解的知識已經懂了十之八九，值得同儕的尊重，而蘇格拉底的對話方法，卻會把這些人拉進自己的對話圈裡。

　　儘管蘇格拉底或許從未打算揭露他人的無知，但他和這些人的互動確實造成這種效果。私底下這麼做的話還可以避免公眾的注視，尚且不會損及別人的威望，但他卻反其道而行，讓處境雪上加霜。他在街上跟人對話，最有名的地點就是雅典的agora——市場。結果是，雅典幾位最有名的公民面對蘇格拉底重重問題與邏輯的結合時，他們的窘境總是看在旁觀者眼裡。年

輕人樂得看他們的社會賢達思慮之不周攤在光天化日下，對於蘇格拉底思想中破除舊習的意涵也大呼過癮──事實上，他鼓勵年輕人以批判的方式檢視以前幾代人似乎已經定下來的一切，包括去探究神祇的本質，以及祂們與人類的關係。

這對雅典有權有勢的人來說實在太過火了，於是蘇格拉底遭受審判。就他受到控告的罪行而論，懲罰的方式是死刑。多數人顯然不希望處死蘇格拉底，他們只希望他離開雅典，省得這隻蚊虻天天拿自己的問題來咬他們，讓他們得以回歸原本的生活。所以，當兩項罪名都成立時，法庭還提供他放逐的選項。但他拒絕流亡，堅持法律要嚴格遵守。他已經運用自己的口才主張過無罪，只是徒勞無功。假如法律正義（不偏不倚時）要他死，那麼這就是他要經受的命運──假如雅典人民犯了法，也必須這樣接受。

正是在這時，當他在庭上陳詞的這一刻，人們記下了蘇格拉底吐出那擲地有聲的聲明：「未經檢證的人生不值得去活」。[1]

兩千年後，詩人威廉·布萊克（William Blake）寫道，「智慧在無人問津的市場上販售。」[2]這對蘇格拉底實在再貼切不過：他的智慧不僅不見容於社會領袖，甚至因為太能打動雅典年輕人的心，而在他人眼中成為具危險顛覆性的存在。蘇格拉底被判不信神與「敗壞年輕人」（敗壞的方法居然是促使他們自

---

[1]　Plato (2013), *Apology*, http://www.gutenberg.org/files/1656/1656-h/1656-h.htm (trans. Benjamin Jowett)

[2]　Blake, W (2010), *The Four Zoas: Night the Second*, https://en.wikisource.org/wiki/Vala,_or_The_Four_Zoas/ Night_the_Second p. 35

己思考！），遭到處死。他們殺了他的人……但殺不死他的理念……至今仍在「敗壞」年輕人的理念。

我花了大半輩子思索蘇格拉底對於「經檢證的人生」的主張是什麼意思。柏拉圖談到蘇格拉底追求哲學與生命的方式時，已經清楚道出我一部分的想法了。但我大部分的看法，是根據我自己嘗試「填補空隙」的過程。也就是說，接下來的文字不算蘇格拉底自己的說法，而是受到他的生命與言論所啟發。我的目的是，假如我們有機會在我們自己打造的市集中和他面對面討論，那我會持平看待他的說法。

人類選擇的結構
THE STRUCTURE OF HUMAN CHOICE

先前提到，倫理學的核心問題談的是你我應該如何行事（整體上），以及在我們這輩子期間應該如何回應特定的處境。

對於「應當怎麼做」這個問題，有非常多種回答方式——隨時機與文化而異。有些答案以宗教信仰為依歸，其他的則根據世俗思維。儘管有這些差異，所有的回答都有一種共通的底層結構——其中最重要的成分為：**價值觀**（values）、**原則**（principles）與**目的**（purpose）。

價值觀
Values

　　無論是誰，只要做決定時不受任何限制，就一定會選自己認為好或最好的選項。咱們想個簡單的選擇，比方說，吃蘋果還是柳丁好了。接著進一步想像你可以自由選擇。沒有人會逼你動手——不論是比喻還是真的逼都沒有。假如你選蘋果，那是因為對當下的你來說，蘋果是好的或更好的選擇。換作是別人，可能就會選柳丁。對當下的他來說，柳丁是對的或更好的選擇。

　　說起來，我們不見得知道任何特定選擇背後的前因後果。以水果為例，相關的考量或許是特定的風味或顏色，或者覺得柳丁是比較健康的選項，又或者柳丁的味道能觸動什麼美好的回憶。也就是說，「風味」、「健康」和「念舊」算得上是為人所欲求的性質，加起來就讓柳丁變成是「好」的。

　　至於**你我**（或是其他任何人）是否認同這種評估，就是另一件事了。我們或許覺得這是個很傻或是讓人很不舒服的選擇，但對於做選擇的人來說，他選的東西是好的，或是至少比其他選擇更好。

　　我想，這一點是倫理學中唯一不證自明的真理：「只要你容許一個人有選擇的自由，人家一定會選他們認為好或是最好的選項」。

　　那麼，怎麼樣叫作「好」？

　　這個問題非常廣泛，有一大堆可能的答案。以水果來說，人家可能看重「風味」、「健康」和「念舊」。不過，要是我們轉而思索對人生來說何謂好，有些人對於這種範圍更大的問題，可能會提出「生活品質」、「自由」、「正義」、「愛與和諧」等特質。無論清單上包括什麼，這些東西都可以歸類為「價值」。

　　說起來，價值就像「想去的目的地」，在人生旅途上只要有機會就要去走訪。假如出現在路標上，那就是要走的方向。只要情況允許，去實現或提倡它們所定義的「好」，就應該是決策的指引。

　　由此可以得出，如果有人主張自己對一套特定的價值觀態度堅定，那麼他們的行事方式就應該符合其中的價值。更有甚者，你應該要能相信他們會說到做到。

　　總而言之，「價值觀」就像是能把羅列出來的「好」容納進去的大包包。不過，知道這一點並不足以回答更深層的問題：何謂好？

　　偏偏沒有一張單一的價值觀清單能讓人人都同意。就算大家都同意清單上該列出哪些價值，對於哪些價值比較重要，大家也會有不同的看法。

　　儘管意見不一致的空間很大，但仍然有放諸四海皆準的一致看法。事情必然如此，畢竟關於我們的「存在」，歷來曾經活過

的每一個人都曉得有些基本事實可以成立——我們有生有死，生活在同一片天空下，諸如此類。無怪乎我們對於認為什麼是好，會傾向有一致的意見，進而讓我們的價值觀趨於一致。

　　我們都需要水、食物、遮風避雨，以及最低限度的人身安全與穩定。世上有許多人重視友誼、同理心，以及其他許多能構築社群的磚瓦。

　　有時候，同一種價值會存在於不同的文化或不同的時代，但這同一種價值卻會以不同的方式、不同的行為類型，在不同的背景中表現。有人以花時間相處或共食來表達「友誼」這種價值，有人則投入共有的送禮習俗或其他能表彰友誼的作法，有人則是提供工作或食物上的支持。

　　這是很重要的一課。光是「某人行為方式有異於你」，**並不必然**代表他人的核心價值觀與你不同。不要有太多先入為主的想法，這一點真的很重要。

　　一旦我們先入為主，就有可能犯錯。有個例子：在日本，送禮與收禮是表達友誼與尊重的其中一種方式。不過，對日本文化不熟悉的人，卻時常誤解送禮之舉——這反而有可能冒犯到他們的日本東道主。只要送禮與收禮的雙方都了解禮物是種尊重的表徵（而非試圖獲得不該拿的好處），就能皆大歡喜。

　　只要我們更敏銳，曉得共通的價值在有異於我們自己的文化背景中會以不同方式表現，就能避免許多難題。

　　然而，最大的衝突源頭，卻發生在不同群體根據不同的優先順序來為價值排序的情況中。

　　假如你在二〇〇一年九月十日對美國民眾進行意見調查，請

他們列出自己重視的價值，並且按重要性排序，你幾乎肯定「自由」名列其中，而且位於清單頂上或接近最頂的位置。美國就是這樣的國家——民眾認為焚燒他們的國旗是嚴重冒犯之舉，但若是以自由之名為之，他們就會捍衛你燒美國國旗的權利。

反過來說，假如你在同一天對中國國民進行同樣的調查，自由也很有可能出現在清單上，但不會名列前茅。最重要的位置反而會留給「和諧」，或是「治安穩定」。

中國人當然也承認自由的價值——只是不會為了自由而犧牲社會秩序。因此，要是有誰把焚燒中國國旗當成一種政治抗爭的形式，那就脫不了身了。焚燒國旗之舉不僅嚴重褻瀆，更是失序（失去社會和諧）的表現（且有造成失序的潛在可能）。

兩國價值清單頂端的差異，很能夠解釋兩國社會的不同性格。不過，我們千萬要曉得，這些差異不見得會長久延續：價值的相對順序會隨著時間改變。

我原先假定我們的調查是在二○○一年九月十日進行的，也就是恐怖分子攻擊紐約世貿大樓與華盛頓特區五角大廈的前一天。現在想像那場調查是在整整二十四小時之後進行。接受調查的人還會把最頂端的位置留給「自由」這個價值嗎？不見得。

事實上，「自由」在清單上的位置很可能會往下，讓路給「安全」這項價值。同樣的價值轉變會出現在大多數自由民主國家中——以提升安全的名義，導致公民自由開倒車。在歷史的浪潮中，激烈而危險的事件很有可能「引發」改變——但九一一事件之後的改變，則是由價值觀相對優先順序的重組所帶來的。

讓一個人不受限制地做選擇，他一定會選擇自己覺得好或是

最好的選項，所以這個世界才會在九一一事件後發生改變。換作另一個時空，「自由」與「安全」的相對價值高低可能就會維持下去。在那樣的世界裡，我們的生活說不定會危險得多，但也自由得多。就此而論，美國與整個西方世界在九一一之後變得稍微更像中國，自由也在這些地方因為別種「為了大家好」而「犧牲」。

　　討論全球恐慌與一國對其苦難的回應，看似讓我們跟探討日常倫理離得很遠，但價值觀在日常生活中扮演的角色其實是一樣的。縱使我們不見得有意識到我們的價值觀如何形塑我們的選擇，但我們仍然會一直跟著這些路標走。其實，我們根本逃不過它們的影響。

　　此時值得我們稍停片刻，問問自己幾個問題：你覺得什麼叫作「好」？你會在價值清單裡擺什麼？你會怎麼幫自己價值清單裡的東西安排先後順序？還有，你會以什麼方式將自己的價值付諸實踐？

原則
Principles

許多人對「價值觀」的概念並不陌生。其實，有些個人與組織相信只需要「價值觀」，就能構築倫理的結構。不過，試圖只根據價值觀來過良善的生活，就像試圖用單腳跑步——理論上可行，但跌倒的機會比較大。

假設你有個朋友把「成功」的價值擺在第一位。一天，朋友跟你講真心話，說自己計畫在接下來的奧林匹克運動會奪得金牌，從而在運動世界獲得成功。你知道友人的運動天分平平，所以他這番話簡直讓你不敢相信。誰知道，你朋友卻說「都搞定了」：此君已經找到一種萬無一失的策略，可以一路作弊作上頒獎台。你應該也同意贏得金牌是「好事」，但你大概會告訴你朋友，說他選擇通往成功的路不是「正途」。一旦朋友要你解釋為何這麼想，你八成會援引某條**原則**來表明你的立場。

如果說，「價值觀」為我們指出「何謂好」的方向，那麼「原則」就是告訴我們要如何以正確的方式前去。也就是說，當我們要得到自己認定是「好」的東西時，原則會約束我們取得的手段。

比方說，我們也許同意墨爾本是個不錯的去處。假設我們是開車，從愛麗絲泉（Alice Springs）出發，我們在路口面臨的第一個決定就是要往南還是往北開。假如我們真心想去墨爾本，那我們就會選往南的路。目前為止，「墨爾本」這個價值決定了一切。

但我們要怎麼進行下去？有人會主張我們只把車開上我們的交通工具能應付的路面。另外也會有人主張我們要以將傷害任何人（我們自己或是他人）的可能降到最低的方式來移動。這兩種

主張都是「**原則**」的例子。一旦我們回答了「去哪」的問題之後，這兩者都能幫助我們回答「怎麼去」的問題。

你也許已經注意到，我提到的那兩項原則遠沒有前述的價值「墨爾本」那麼明確。墨爾本是個特定的地方，你要麼人在墨爾本，要麼不在。因此，一旦決定把墨爾本設定為想去的地點，就沒有別的需要決定了。另一方面，**原則**——「只把車開上我們的交通工具能應付的路面」卻會為我們留下許多自由。比方說，我們對於道路的選擇將取決於我們的交通工具類型。一輛耐操、四輪傳動的越野車能帶給我們比一般房車更多的選擇。開越野車，我們可以開過原野。開房車，我們就得待在鋪面道路上。

重點在於「**原則**」通常沒有像「**價值**」的限制那麼多。兩個人或許有共通的原則，但原則的應用則端視兩人所處的特定脈絡而異。就算開四輪傳動車輛的人和開房車的人都認為「只把車開上我們的交通工具能應付的路面」是對的，但對這兩位駕駛來說，前往墨爾本的「可行」方式是不一樣的。

同樣的內在彈性也可以在三條類似的原則中看到：

- **金科玉律**：己所不欲，勿施於人。
- **攤在陽光下**：我們看重某些人的意見，唯有能完完全全大方表現給這些人看的事情，才是我們該做的事。
- **天地良心**：我們的所作所為，必須以具備充分認知（與完善）的是非良心為根據。

上述的每一條原則都有其歷史，也都能在我們考慮該如何獲

金科玉律

己所不欲，勿施於人。

攤在陽光下

有些人的意見我們會很看重，唯有我們會因為這些人
看到我們做而感到自豪的事情，才是我們該做的事。

天地良心

我們的所作所為，必須有充分理解（與完善）的是非良心為根據。

取我們覺得好的東西時，為實際決策提供不同的基礎。然而，它們不會提供任何資訊細節，告訴我們應該如何對人，對於什麼能夠落落大方，或是在特定情勢中做決定的特定是非標準為何──這是它們的共通點。

於是乎，關於自己想受到什麼樣的對待，甲的看法可能跟乙的看法不同；犯罪集團成員也許只在乎其他罪犯的敬畏；某位醫生實施墮胎時可能有健全的是非觀，而另一位卻沒有。

原則的彈性不是無限的。比方說，假如你主張自己採用那條「金科玉律」（己所不欲……），一旦你用己所不欲的方式對待別人，你就躲不過「你犯錯了」的結論。原則的效力就在於此：原則會畫出界線，一旦採用原則，就不能跨越界線。

還有許多其他原則是大家可以採用的，而且只要原則之間並不衝突，想同時採用多條原則也沒關係。

以下是跟上述所羅列的原則正好相反的另一套作法：

- **鐵血原則**：先下手為強。
- **見光死**：沒被抓到就好。
- **稱心如意**：當下覺得怎麼好就怎麼做。

一個人抱持這些原則的話，下的決定就會與那些根據前一套原則三重奏下決定的人天差地別。

不同的原則帶來不同的選擇，造就不同的世界。

隨時代與文化不同，各種**原則**就像**價值觀**一樣，都有廣大的分歧空間。但原則也經常趨於一致。我想，這是因為全體人類有

許多共同的經驗。比方說，心愛之人突然死去，常常會讓人淚流成河。

　　也許，世界上所有的人類社群若得存在，都必須仰賴特定的核心價值與原則。劉易斯（C. S. Lewis）在他的《人之廢》（*The Abolition of Man*）一書裡，列舉了大量跨越了文化分野與時空背景的價值與原則，是人們所採納，而且顯然是獨立發展出來的。比方說，劉易斯在以「恕道」（Law of Mercy）為標題的章節列出了以下字句：

- 窮病之人應待之為氣氛之主宰。（印度。Janet, i. 8）
- 任何人為弱者說項，其行為沙馬什（Samas）所喜。（巴比倫。ERE v. 445）
- 他可曾未能釋放囚徒？（巴比倫。罪愆列表。ERE v. 446）
- 我將麵包施予餓者，水施予渴者，衣施予裸者，渡船施予無舟者。（古埃及。ERE v. 446）
- 不應打女人；用一朵花打也不行。（印度。Janet, i. 8）
- 索爾（Thor），你打女人時，是丟自己的臉。（古挪威。Hárbarthsljóth 38）
- 達爾布拉（Dalebura）部落中人輪流照顧一位生來殘廢的女子，直到她在六十六歲死去為止……他們絕不拋棄病弱者。（澳洲原住民。ERE v. 443）
- 你將見識到他們照顧寡婦、孤兒與老人，絕不責備他們。（北美原住民。ERE v. 439）
- 自然女神坦承自己讓我們有哭泣的能力，從而讓人類擁

有最柔軟的心。這是我們身上最好的一部分。（羅馬。
Juvenal, xv. 131）

- 人人都說他是世間最和藹可親的國王。（盎格魯—薩克
森。Praise of the hero in Beowulf, 3180）

- 你在田間收割莊稼，若忘下一綑，不可回去再取，要留給
寄居的與孤兒寡婦。（古猶太。Deuteronomy 24:19）[3]

　　或許有人會辯稱這些共同的思潮純屬偶然，抑或是文化微妙
傳遞的證明。但這或許就像我在前面說過的，是人類境況中共同
的面向所創造出的共同回應。

　　我們不妨再度停下來問自己幾個問題：你認得出任何一條指
引你行事的原則嗎？你能否了解那些原則跟你的價值如何有關？
你在生命的競賽中是用兩條腿跑，還是用單腳跌跌撞撞？

目的
Purpose

---

[3] Lewis, CS (1943), *The Abolition of Man*, https://archive.org/stream/
TheAbolitionOfMan_229/C.s.Lewis-TheAbolitionOfMan_djvu.txt

　　既然有各式各樣的價值觀與原則能任君挑選，作為良善生活的基礎（連劉易斯那份相當短的清單都提供了大量的選擇），那有沒有任何根據，能讓我們選擇一者，而非另一者呢？

　　關於這個問題的回答，其中一種處理方式是檢視「**目的**」所扮演的角色。在我們這個時代，談到「目的」一詞，經常會讓人聯想到「意義」和「動機」，就像「我希望自己的生活有目的」這句話一樣。「目的」的這層意思很重要，但卻會讓「某事物『符合目的』（fit for purpose）」這句話所包含的更古老的概念模糊掉。

　　「目的」有種比較古老的意思，跟古希臘人所說的「事物的『telos』（意即目標）」有關係———這一點我們之後會詳細探討。比方說，小刀的目的是「切割」。因此，一把好刀就會是把好切的刀。這把刀的價值就來自於「鋒利」。

　　由此繼續推演的話，要是刀匠不重視「鋒利」，批評他就是合理的──要一把很鈍的小刀做什麼？

　　在小刀上言之成理的，放諸其他事物也成理。一旦你理解這些事物的目的，就會曉得特定的價值觀與原則必須事先考慮好。如此說來，目的可以幫助你選擇價值與原則。

　　每當談到職業時，這種處理方式就變得尤其明確───每一種職業皆有其明確的「好」或是核心價值。比方說，對於軍人或戰士，「義戰」（just war）的核心要求是「唯有當透過戰爭所獲致的和平，優於不進行戰爭便已存在的和平，才能興兵」。因此，「和平」對軍人或戰士這種職業來說，就是諸多明確的「好」之一。以類似的邏輯來看，會計師與新聞從業者理應關注真相，律

師理應關注正義，醫生與護理師理應關注健康，諸如此類。

同理可證，像Instagram這家公司之所以成立，是為了在線上打造社群感。該公司的三項核心價值為「社群第一，鼓勵創造力，以及明快至上」（Community First, Inspire Creativity and Simplicity Matters）。就這間公司的目的來說，這有些道理。核心價值未提及社群，就跟刀匠不重視「鋒利」一樣奇怪。

這一切對於個人的生活來說意味著什麼？這個比較古老的「目的」概念，能不能幫助我們在眾多選擇中挑出核心的**價值**與**原則**？

為了指出人生的目的，人們已經做了諸多嘗試。高人氣的選項包括：活出經檢驗的人生（蘇格拉底）、圓滿（flourish，亞里斯多德）、侍奉唯一神或眾神（許多的先知與神學家）、繁殖（演化生物學家理查・道金斯〔Richard Dawkins〕）等等。每一種目的都會導出特定的價值觀與原則框架。例如，以宗教方式看待其人生目的的人，常常會從自己遵奉的特定信仰中獲得其價值觀與原則。

另一種途徑──常常讓人想到孔子等哲學家──則是把你我人生的目的，跟我們在人生路上扮演的各種角色連帶來看。比方說，你也許同時具有為人兒女、朋友、學生……等身分。如果一把小刀的telos在於「切割」，那身為朋友、學生等角色的telos又是什麼？在我看來，友誼的本質是以很個人的方式，跟（對他人的）「忠誠」有所關聯。一個好學生則應當重視「學習」。

從這層意義來說，把目的想成telos，有助於我們鑑別出對你我人生的核心價值觀與原則。但話說回來，我們必須留意：

「**目的**」雖然對倫理框架來說是種很有用的組成部分，但「目的」卻沒有像「價值觀」和「原則」那麼根本。

小結
In summary

目前為止，我們已經點出構成人類選擇基本結構的四個要素了：

- **核心問題**──我們應該怎麼做？
- **價值**──會在回答「何謂『好』？」這個問題時浮現出來。
- **原則**──會在回答「何謂『對』？」這個問題時浮現出來。
- **目的**──非必要的成分，但有助於為倫理框架選擇核心價值與原則。

這個基本結構適用於每一個時代的所有人類社會，在我們去了解人做選擇的結構時，提供一套放諸四海皆準的文法。只要能辨別出個人或團體所主張的「好」與「對」（也就是他們的**價值觀**與**原則**），就有可能理解他們做的選擇。

舉個實際的例子。請想像有人的人生目的包含降低自己對自然環境的衝擊。他們的價值觀裡包括「效率」與「永續性」。有一刻，他們考慮起在自家屋頂安裝太陽能板的益處。目前還好──價值與目的是相符的。問題在於他們買不起這套系統。

圖一　人類選擇的基本架構

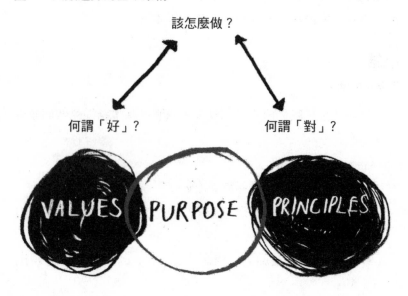

不過，倒不是完全無望──有個朋友說自己可以弄到他們需要的所有東西，「從貨車廂掉下來的」。他說，「保險」可以負擔損失──讓沒有面孔的大公司來吸收損失。這下該怎麼做？

原則就會在此時破門而入。以對土地負擔小，同時又能追求效率與永續性的方式生活也許不錯。然而以上面這個例子來說，有財務問題的人卻也根據「金科玉律」（己所不欲……）而生活。他們知道，偷保險公司是相當沒有原則的作法──這跟利益的多寡無關。

關鍵在於：人在做選擇的時候，「做整套」是很重要的。

人做選擇的脈絡
THE CONTEXT OF HUMAN CHOICE

　　我們已經了解，如果要讓人類做選擇的結構發揮作用，就需要明確的內涵：「價值觀」、「原則」與「目的」。此外也必須應用於特定的脈絡，在特定的脈絡中理解。**關係**（relationships）就是脈絡中最重要的一環——尤其是涉及誰值得納入倫理考量時。有些人不重視別人，只重視自己，人稱「倫理自我主義者」（ethical egoists）。不過，有更多人看得稍微遠一點，他們在考慮誰重要、誰不重要時，會套用緊密的界線。比方說，他們可能會把至親密友算進值得考慮的成員中，但比較陌生的人就要「公平以待」了。

　　有種思考的方法是：想像你有一把要開多大就多大，要開多小就多小，隨你選擇的傘。你會幫誰撐傘？你會放著讓誰淋濕？你會在什麼樣的情況（假如有的話）改變自己的心意？你所想像的就是「歸屬範圍」（circle of belonging），又稱「關注範圍」（circle of concern），劃出來的範圍就是你覺得屬於你的倫理宇宙，或是你可能會關心的人。

　　倫理自我主義者傘開得最小——只夠讓自己不會淋濕。相形之下，某些文化打的傘很開——比方說，寬到把全人類都納入關注範圍內。對某些人來說，大概是信仰責任要他們承認全人類都是「按其造物主的形象」所造；其他人之所以將所有人類納入考量，或許是因為體認到彼此休戚與共；此外還有其他許多可能原因。

　　某些文化把他們的關注範圍延伸得更遠：例如耆那教徒會把倫理重要性賦予一切眾生，甚至包括螞蟻蚊蚋。最後，澳洲原住民和世界上許多原住民族一樣，認為所有存有都具有倫理重要性，包括其他人眼中的無生物。因此，澳洲原住民便受到自己與植物、動物、岩石、其他自然景致的神靈之間的親屬關係所約束。

　　你的關注範圍有多廣？誰進得了你的傘下？誰得自立自強？

道德
MORALITY

道德的角色
Its role

　　我們已經了解，倫理的基本結構其實相當簡單——只要分別去思考標上「價值觀」、「原則」和「目的」的三個容器就好。這些空容器在每一個時代的每一種文化裡都持續存在著。不過，除非把容器裝滿，不然就沒有用處；唯有裝滿的容器，才能處理指定的實際工作。

　　各個容器中，最重要的是那些跟價值觀與原則有關的容器。它們為每一套道德體系提供了必不可少的本質。

　　「道德」（morality）與「倫理」（ethics）兩個詞經常會交替使用。我在此使用「道德」，意思是一套由價值觀與原則構成的體系，讓人們在做決定時可以參考。唯有當道德體系受制於「經

檢證的生活」所要求時，才具有倫理的性質。不然的話，一套道德體系是可以在不加思索的情況下套用的──甚至就像是習慣。比方說，有些人在孩提時便被一套道德體系所吸收，因此從未想過要質疑這套體系在人生中扮演的角色。他們純粹是跟隨自己家人、朋友、整個社群……等等的「道德腳步」。

另一方面，過**倫理**生活的人是自己走出自己的路。外表上可能跟那些過道德生活的人所遵循的作法一模一樣，發揮作用可能是一樣的價值觀與原則。然而，其間卻有一項重大差異。過倫理生活──「經檢證的」生活的人這麼做的原因來自於己身。他們把由「習慣」與「循規蹈矩」構成的生活置於腦後，願意思考自己該怎麼做──帶著覺知去選擇其行動。

準此，「道德」與「倫理」生活之間的差異，恐怕不是旁觀者一時半刻就能看出來的。但這種差異既真實又重要。

咱們回來談道德的「低層次」結構。我們不妨說，道德的力量來自其形塑人類行為，卻不需要受形塑者動太多腦筋的這種能耐。正因為如此，「掌控道德」向來是那些想發揮影響力的人興趣之所在。

這正是人們經常為倫理體系的控制權而爭的原因之一。你可以施加力量或恐懼來強迫別人行使你的意願，但成效更好的方式，卻是讓積極主動的盟友在一套共同倫理體系中自主選擇。有時候這就等於操弄──尤其是當人家已經在灌輸下接受了一套道德框架時。不過，如果道德是以人生百態底下的真相為其根據的話，那麼道德也可能有自己內在的力量。

世界上有不少可供選擇的道德體系。我們已經看到（例如劉

易斯的著作），許多道德體系有共通的元素。不過，通常也會有些明確的差異，在一種道德體系與另一種道德體系之間畫出界線。比方說，全憑效果的評估來判斷「是」與「非」的道德體系，就跟從責任來判斷「是」與「非」的道德體系明顯有別。

我們不妨把道德的誕生理解成一段歷史過程，不同的個人與團體在過程中競相發展最棒的可能答案來回應蘇格拉底的問題，「該怎麼做？」

比方說，猶太教有答案，穆斯林有答案，基督徒也有答案。佛教徒、印度教徒、道教徒、儒家、神道教徒、祆教信徒等也有答案。他們的答案（也就是道德體系）可能包括了「啟示真理」（revealed truths）等元素，也就是關於人類與聖神之間關係的信念，以及不斷講述的生命典範故事。

並非所有答案都是宗教的答案。有些道德體系是以哲學家的研究為基礎，例如伊比鳩魯派（Epicureans）、斯多葛派（Stoics）、效益主義者（Utilitarians）、康德主義者（Kantians）等等。

每一個群體的共通點，在於提供一套價值觀與原則——個人可以且應當如何生活的框架。每一套都是一種「道德體系」。道德體系形塑你我日常在「**關係**」脈絡中的決策，而且也常常形塑我們在「**目的**」脈絡中的決策。每一種道德體系皆意在提供一張活出良善人生的「對照表」，讓人實踐。

道德的問題
Its problems

　　要是能輕鬆解決蘇格拉底提問所帶來的挑戰，那該有多好。我們可以挑一種或吸收一種道德，然後毫不費力地前進就行。但人生境遇不會是這樣表現的。

　　第一個要考慮的難處是，人類想要或需要「確定性」（certainty）。然而，至今仍沒有哪一種發展出來的道德框架能滿足這種需求。這不是神學家或哲學家有什麼不足所造成的結果：人家已經花了上千年時間，試圖建立融會貫通的體系，為是非善惡提供指引。

　　真相總叫人不舒服：再多的時間、努力或才華，也無法創造一套能帶來道德確定感的體系。

　　我們把問題看得更仔細些。假設你可以幫自己堅守的每個核心價值的影響力標上數值。比方說，你可以給自己心中認為最好的價值標示為十單位，認為最壞的則標示為負十。在理想世界裡，你所有的核心價值都指向同一個方向。例如，你可以當一個最重視真相（十單位）與同理心（十單位）價值的人。你會希望真相與同理心把你帶往同一個方向。

　　不過你想想看，假如你愛的某個人（比方說你母親）把她新買的洋裝秀給你看，問你怎麼想。她的好品味也許會讓你大為驚喜。但說不定你不會：她搞不好做了個你覺得很糟的選擇，有可能害她出醜……而且拖你下水！假如你的評論是真心誠意的，你母親可能很願意接受。但另一方面，說不定她比較脆弱，是那

種經不起真相的人，你立意再好都沒用。在這種情況中，你的真相價值與同理心價值就可能衝突：要是你把自己真正的想法告訴你母親，你就會傷到她。

　　一旦類似的情況發生，就不可能得出完美的「好」答案或「正確」答案。結果將是「無效」（null）答案，因為份量相當的價值把你往相反的方向拉。這一點之後再來多談些，但我們現在只要知道：沒有任何宗教、哲學家或神學家能想出這道難題的答案。

　　類似的窘境已經讓某些人放棄了道德體系與倫理。畢竟，要是一套倫理體系無法為顯然如此單純的問題提供明確的答案，那到底幹麼花心思去想？

　　有不少人出於無奈而往下列兩種出口之一走去。他們可以遁入某種形式、完全不顧大哉問的享樂主義以脫離困局，抱持著「我們不妨找些樂子轉移自己的注意力，讓別人去釐清頭緒」的心態。

　　另一個出口比較危險，會帶著人加入基要主義者（fundamentalists）的陣營。宗教也好，政治也好，科學也好，無論哪一種形式的基要主義者，唱的都是同一首迷魂曲：來來來，把你無所適從的重擔卸了吧，讓我們幫你決定；你只要服從就行了。

　　以最糟糕的形式而論，享樂主義與基要主義都會讓人的境況更形惡化。可就連比較溫和的形式，也都會對那些想活出倫理（而非僅僅道德）生命的人造成傷害。了解道德與倫理的差異並不難：一個人無需思考或投入多少，也有可能過著完美無瑕、人

人接受的道德生活。我們可以選擇一套已經包裝好的道德，發展出有德的行為——習慣性的親切，習慣性的客氣，習慣性的誠實與慷慨——讓所有人欽佩我們，就算我們對這套道德的思索（或檢證）極為有限也不打緊。

那麼，有異於此的作法會是什麼樣子呢？

蘇格拉底上場了——帶著他激怒人的能耐，質疑我們以為再明顯不過的事。他會指責我們過的是不完整的生命，所根據的就是他的主張：未經檢證的人生不值得去活。

倫理生活
THE ETHICAL LIFE

若要理解蘇格拉底的首要主張，我們得先對人的境況來一番「世俗」觀察：整體而言，人類有能力超越本能與欲望的索求。

暫停一下，有一點我必須一提：本能與欲望沒什麼不對，它們是我們跟其他有情眾生之間的共同點。我們是動物界的一員——經歷許多相同的驅力，而這也有助於我們跟世界相連結。不過，我們這個物種**未必**得按照本能行事；無論欲望多麼強烈，我們都**未必**得滿足它。

目前看來，我們並不曉得其他生物是否有同等或大致相仿的能力，可以超越本能與渴望，做出清醒、倫理的決定。我對此表示懷疑，但我得承認我不知道。比方說，如果我想到一頭正在獵捕黑斑羚的獅子，我很懷疑這頭獅子會停下來自問，「我是餓了沒錯，但黑斑羚的孩子怎麼辦？」我看獅子獵殺和進食的時候，

是不會有什麼顧忌的。但現在癥結點不在這裡。

我們人類有能力做出清醒的決定，根據我們認為的是非對錯而行動，而非受到本能的控制。我們這種型態的生命——人類——是（目前就我們所知）唯一能調節，甚至能克服我們驅力與本能的生命。

這項觀察看似不證自明，但也有一些潛在的反對主張。其中最明顯的理由莫過於「清醒做決定的能力是種幻覺」，亦即自由意志（名副其實的選擇）是種虛構。這種看法的主要根據是：宇宙（我們是其中的一部分）的命運已經完全註定好了。在以前，人們會用「命運」或神意的運作來加以解釋這種註定。其他人則觀察到一道連續的現實因果鏈，尚未發生之事已經被過去的事件、互動等等所決定了；在這種事件鎖鏈中，自由意志並無用武之地。比方說，以人類大腦運作為目標的科學研究表示，早在我們意識到自己的選擇之前，跟選擇有關的神經突觸似乎便已活絡了起來。

有很多方法可以回應他們的反對，包括量子力學已經揭露宇宙遠不像以往以為的註定；近年來的神經科學發現，對於「感知到做選擇」相關事件順序的主張有所質疑；而且大多數宗教都是以「人有自由意志」為基礎，因此對自己的選擇要負起責任。

如果要為自由意志的存在辯護（或是反駁），得花上一整本書。相較於此，我純粹只想提出觀察結果：無論相關主張與證據最後支持的是什麼，一般人的共同經驗都是「我們是真的有能力做選擇」。或許在這一點上我們都受騙了，但就算如此，這種「受騙」也有助於釐清人的境況。以身為人（human）的意義來

說，清醒做決定的能力是非常重要的面向。

比方說，我知道有無數男男女女在面對令人驚慌失措的處境時，明明所有本能都說要逃，但他們卻寸步不讓；或是抵抗欲望，不去拿他們深深渴望的東西。很多時候他們不是幫情人說話，也不關心是否眾目睽睽或綁手綁腳，反而是無私、勇敢捍衛承諾或理想；抑或只因為他們相信滿足自己的欲望是錯的，於是約束自己。

清醒做決定的能力——至少是把這種能力當成真的來體驗——是人之所以為人的一環。

為何只有人擁有這種超越本能與欲望的能力？這一點尚無定論。有人提供以宗教為基礎的解釋。比方說，猶太教、伊斯蘭信仰與基督教等摩西傳統皆認為人類是按照神的面目所造。這句話的意思不是說長相，而是神的道德形象——身為生而自由的存有，而這一點理應反映在人的境況中，只不過「既自由又順服」也帶來一籮筐潛在的難題。其他關於人類理性選擇能力的解釋則訴諸於科學，例如社會生物學家便以演化機制為根據。

探討這些議題又得用去一整本書的篇幅，神學家、科學家與哲學家多年後仍會繼續為之角力。不過，我們倒不必在此一槌定音：我說過，我只打算以一系列在我看來不證自明的「俗世」觀察作為開始。「人類並不受限於本能或欲望」的主張通過考試了。我們也許不知道事何以然，但觀察的結果足以讓我們體認到人類整體上是符合這個主張的。

對於了解蘇格拉底主張的「未經檢證的人生不值得去活」來說，上面這些的重要性在於：依我來看，他是運用精鍊的觀察來

主張以下幾點：

- 對人類來說，最好的生活是完整的人生。
- 在完整的人生裡，我們克服了我們的動物本性，超越了本能與欲望，為的是對「我們要怎麼活」做出清醒的決定。
- 這代表我們應該自己好好想想；我們是不是該活出「經得起檢證的人生」？也就是說，經得起檢證的人生對人類來說是最完整的人生形式。任何沒那麼完整的形式也都不值得去活——至少對我們這種生物而言是如此。

這就好比我們每個人都住在一間有許多房間的屋子裡——有些房間比較容易進去，裡面的擺設也比其他間舒服。每個人的屋子都有一間可以檢證人生的房間。這間房間不是最舒服的，在裡頭花時間也不見得會讓你更安心、富有或受人歡迎，何況也沒有規定一定要進去。不進這間房間，把房門關著說不定比較舒服。但是，假如你這麼做，那你能主張自己已經在這間房子**好好生活過**了嗎？

先前我談到道德，也談到根據習慣與傳統、不進行任何有意識反思的道德生活可能會有哪些危險。過這種人生就好比只住這間房子的一部分。至於過有倫理的生活、經得起檢證的生活，我們就必須走進那間專為反思實踐（reflective practice）保留的房間。如此一來，我們也就跟上蘇格拉底的步伐。

然而我們得注意，選擇這樣的人生並不保證會有回報。蘇格拉底為了當個完整的人而付出代價：從眾、服從最有權勢的人其

實比較輕鬆。活出經得起檢證的生活，就是讓自己暴露在不斷的質疑之下，抵抗誘惑，不去按照未經思索的風俗習慣過活。

　　這樣的人生需要的不只是勇氣、正直與誠實。我們確實有可能從「受檢證的人生」這個概念起頭作為輪廓，為整個倫理框架打下基礎，進而以豐富、細緻的方式說明滿足這個目的所需的價值與原則。如此一來，你就可以用一些詳盡的內容，把上面貼著「價值觀」、「原則」與「目的」的容器裝滿。這樣的框架或許具有一套道德體系所具有的所有特性。不過，它也會有「內建」的保障措施，避免不假思索的風俗習慣所造成的風險。

　　不過，發展框架細節的工作得留待以後。眼下我想說的是，倫理的生活——亦即受過檢證的生活，是我們應該立志活出來的人生。這樣的人生不只是眾多選擇中的一種，與其他選擇平起平坐，而是人類能活出來最好的一種人生。其實，蘇格拉底就是因為覺得這對身為人類的我們太過重要，所以才會斷言「未經檢證的人生不值得去活」。

　　當然，就算我們達不到標準，天也不會塌下來。但我們再怎麼不濟，也該意識到選擇不去反思或謹慎為之的話，會有什麼危險。

＊

　　最後一點：若有人無法以個別、個人的方式做出有意識的倫理決定，那該怎麼辦？像是新生兒或思考能力受損的人，恐怕就沒有辦法做出明晰的決定，超越自己本能與欲望的索求。但是，

每一個人都不僅僅是個個人而已——這一點與個人的能力無關。他們和其他人都是同一「類」（群）存有的成員，其集體具有獨一無二的能力，可以從其動物本性的嚴格限制中解放——也就是實踐其自由意志。

以上述方式來理解的話，這種地位就不是個人能力所造就的成果。新生兒或思考能力受損的人也許無法做出能超越本能與欲望索求的明晰決定，但他們缺乏個別能力的這個事實，並不會讓他們的重要性減損一分。他們身為人「類」，就讓他們有資格跟最通達世事、最理性的決策者平起平坐。

我們這種克服本能而做決定的能力，正是主張全人類（無論其個別能耐）具有特殊地位的理由之一——這樣的地位就叫作「內在尊嚴」（intrinsic dignity），俗話說的「尊重個人」（respect for persons）就是要表達這個概念。包括嬰兒與那些無法思考的人在內，無論他們是否擁有以個別、個人的方式做決定的能力，全人類都享有這種特殊的地位。

四大哲學傳統
FOUR IMPORTANT PHILOSOPHICAL TRADITIONS

過去三千年來，有四大哲學傳統主宰了泰西倫理思想。儘管這四種傳統之間有錯縱複雜的關係，但基本概念不難掌握。

結果論
Consequentialism

假如一群人聚在房間裡，你問他們在特定情勢下他們覺得該怎麼做，其中大部分的人很有可能會想知道擺在自己面前的選擇最有可能造成什麼結果。人們問潛在行動方案可能的結果，是希望能分析成本與效益，他們才能選出能成就最大的善，或是至少造成最小傷害的選項。對於每個選項，你會把所有可能帶來的好處加起來，接著減去所有的壞處。看結果是哪一個選項得到最高分，那就是你該選的選項。

綜觀歷史，哲學家對於何謂「善」或何謂「傷害」始終意見分歧。最知名的結果論形式，也就是由傑瑞米・邊沁（Jeremy Bentham）及其哲學傳人所發展出來的效益主義（Utilitarianism），原本的主張是把「善」等同於「快樂」，「惡」等同於「痛苦」。現代效益主義者則是把「善」的概念跟偏好的實現相連結，把「惡」的概念跟「厭惡」相連結。「舊」與「新」型態的效益主義的共同點，在於採取人人平等的嚴格立場。也就是說，他們不認為有任何個人的快樂（或偏好）可以比其他個人的快樂（或偏好）更有份量。

責任
Duty

有一種論點反對「結果最重要」：我們應該永遠，且僅僅根據我們的責任來行事。這種哲學理論認為「結果」議題跟「該怎

麼做」的任何判斷之間並無瓜葛。偏好這種取徑的人（在澳洲這樣的國家大概占總人口的三分之一）覺得有必要尊重承諾、實踐戒律（例如神授的戒律），或是——按照最成熟的哲學論點（例如經過伊曼努爾·康德〔Immanuel Kant〕推演的說法）——根據我們要求自己遵守的、放諸四海皆準的箴言來行事。

康德的主張，是以「人類的內在尊嚴跟我們理性思考的能力緊密相連」的信念為基礎。他說，所有的人類都屬於「目的王國」（Kingdom of Ends），沒有任何人僅僅是種「通往目的的手段」。人不是商品，不能看成他人所使用的「工具」。有些哲學家運用康德對人格（personhood）的標準，主張思考能力不足的人（包括嬰兒）不屬於「目的王國」；他們不是「個人」（persons）。先前說過，我主張全人類都是「個人」，原因純粹是因為他們都參與了一「類」特定的存在——人類——而成員資格跟個體的能力無關，一體適用。

康德先是把我們的理性能力擺在人類尊嚴的核心，接著將就理性為倫理服務。他主張理性必須作為判斷是非對錯的標準。身為「目的王國」的一員，每個人都有權利（其實是責任）產生並服從於一套根據理性而創造的格準（maxims，規則），並為了我們自己而命令自己。康德說，無論結果，我們都必須應用這些格準，這完全是責任問題。這就是康德所謂的「定言令式」（categorical imperative）。

比方說，康德主張說謊或失約永遠都是錯的。說謊的「錯」（wrongness）跟結果無關。欺騙他人的舉動，就是憑藉謊言把人家當成得到某事物的手段（而非目的）。康德主張格準（也就

是規則）唯有在可以套用於所有人、所有地方與所有時代的情況下，才能稱之為「善」（good）或「值得」（worthwhile）。這種規則必然在邏輯上一貫，畢竟任何矛盾都會跟理性的要求相牴觸。因此對康德來說，說謊之惡並非來自說謊的結果。意欲（willing）一條以「真實」（truth）的概念為根據的格準，卻同時摧毀真實的基礎，這在邏輯上是不可能的。這樣的一條格準就不可能「普遍」（universalised）。粗略來說，這樣的格準遭到「邏輯炸彈」摧毀──因為承受其內在矛盾的重量而內爆：一旦容許說謊，「真實」就不可能是普遍的格準。

品德
Virtue

　　第三種普及的傳統是以「我們做的決定形塑了我們個人與組織的性格」的概念為基礎。這種觀點的擁護者不打算（或者說不需要）了解某個潛在行動方案將帶來什麼樣的普遍結果。他們也不會「為責任而責任」。面對倫理問題時，傾向於訴諸品德的人會想知道自己的選擇會如何在未來影響自己的性格。這類人認為自己的性格就像蠟，無論什麼壓在上面都會留下印記。他們從亞里斯多德那兒得到靈感，相信你的所作所為會影響你成為什麼樣的人。根據這種取徑，一旦你說謊，就會留下無法抹滅的痕跡。謊說得夠多，你就會有騙子的面目。比起實際去說謊，說謊的理由就沒那麼重要。

　　我們在這種傳統中看到亞里斯多德「中庸之道」（golden mean）的概念──「平衡」之要訣，正是美德之所繫。我們以

勇氣為例。到了一種極端叫作魯莽，但到另一種極端則是膽怯。有勇氣的人能明辨、理解自己所面臨的危險——儘管危險卻依然毫不動搖。他們不會躲在別人後面。他們也不會無謀衝向死亡的獠牙。衝向死亡或躲在他人身後的人，都是受「惡」（vice）所制約。

品德倫理視「惡」為一種扭曲，妨礙我們看清自己應如何行動，或是看清世界的真實樣貌。比方說，貪吃鬼會高估自己所應當吃喝的量。貪食之惡是一種「盲點」，讓受影響的人暴露於風險中。

相對主義
Relativism

對於任何一種宣稱能為「該怎麼做」提供斬釘截鐵答案的倫理理論，這第四種取徑皆抱持懷疑態度。「極端形式」的相對主義認為沒有「絕對」可言——知識、倫理等等皆然。準此，相對主義者主張評斷他人倫理觀的作法是錯的，畢竟只有別人自己有資格「發自其內心」形成自己的行為觀點。這種看法常常讓人想起「入境隨俗」這句俗話。

相對主義者批判各種倫理體系，關注於這些體系在歷史上演進的方式。往好處想，相對主義者讓人注意到有權有勢的人與組織能透過什麼樣的方式，以自己的面貌來「建構」倫理體系，讓我們得以看穿這樣的體系，進而認清這些體系是為誰的利益服務。比方說，所謂的「維多利亞時代」道德觀建立了合於帝國利益的品行標準，讓人覺得殖民世界各地的人是合理的作為。一旦

用「白人」為世界帶來「文明」的「重負」來表達，迫遷、壓抑
語言與文化的作法就全成了「高尚」之舉。維多利亞時代道德觀
取代其他文化道德規範時，經常是採用相當暴力的方式，而相對
主義者則挑戰「維多利亞時代道德觀在任何方面，都比其取代的
道德規範更優越」的臆斷。我們有自由視這種支配性的道德觀為
自私自利的價值觀。

　　偏偏有些相對主義的形式卻發展到自我否定的程度。以最極
端的型態來看，其主張是自我矛盾的。比方說，「『真理並不存
在』為真」，或是「主張任何事物絕對是錯的作法絕對是錯的」。

＊

　　這四種傳統各有其長處與短處——某些粗糙主張中所暴露的
缺點，是深思熟慮的擁護者都不會支持的。結果論者有可能走
向支持以天大的不公來對待少數無辜的人，只要能實現足夠的
「善」就好。對於遵守邏輯上一貫（或神授）的戒律所造成的巨
大傷害，著眼於責任的人也有可能漠不關心。重視美德的人看樣
子有可能更重視形塑自己的品格，而不利於他人的福祉。相對主
義者分析權力的角色，此舉確實有其重要性，但他們立場強烈的
論證形式卻太容易戳出漏洞，因此常常遭人無視。

　　幫每一種傳統紮個完完全全的誇張「稻草人」不是什麼難
事。但每一種立場的大致樣貌還是很值得一提，畢竟你會經常在
公共討論中發現有人援引其中心主張。你會在關於使用胚胎幹細
胞供醫學研究的辯論中看到，人類胚胎有時候會在醫學研究中遭

到破壞──這正是支持研究的人，跟相信人類生命是神聖的、因此必須保護胚胎不受傷害的人意見分歧的緣由。支持醫學研究中使用（或破壞）胚胎的人，經常以研究可能帶來的結果（例如治癒疾病）為理由，反對的人則不時訴諸於其信奉的神祇之誡命。雙方「毫無交集」，全都忽視對方立場底下的價值觀。兩造沒什麼機會能真正聆聽彼此的聲音，也沒什麼機會有真正的交流。他們甚至不在同樣的倫理學平面上。

　　這幾種傳統的擁護者常常把自己的方法表現得像是無所不能，可以把其餘所有方法都排除在外。實際上，我不認為事情有這麼非黑即白。例如，有些舉動既能滿足責任，建立良好品格，還能創造最好的結果。除非你願意透過不只一副的道德眼鏡去看世界，不然你就領會不到這種選擇。

　　我不是相對主義者。我和蘇格拉底一樣，認為人類應該活出經檢證的人生。我不認為經檢證的人生只是眾多選項之一。我相信這是最好的一種人生。我認為在這一點上跟我意見不同的人，都是錯的。

　　隨著繼續往下讀，你很可能會時不時停下來，考慮自己對於那些探討中的問題會有什麼反應。我們很少有人只支持其中一種立場，我們都傾向於應用這四種主要傳統的混合，或是受其影響。不過，我們常常會偏愛其中一種特定途徑。你喜歡往哪邊靠？這種立場會根據不同的情勢而改變嗎？你的立場如何影響你做的選擇？

更進一步的選擇
A further option

最近我一直在想，有沒有可能把幾種比較有歷史的傳統（如上所述）綜合成一套新的說法，適用於我們生活的這個時代。有別人也在走一樣的路，但我們移動的方向不太一樣。

心裡想著這個條件，我認為一種以新的方式將目的、價值觀與原則加以整合的作法，確實有其意趣盎然的可能性。

核心概念簡單而沒有爭議。人類是「創造者」。我們製造有形器物、體系和制度，以及家庭、社群與社會等社會性人造物。事實上，我們是創造這個世界的推手。

有鑑於此，我認為我們應該對我們所創造的事物負起責任──對於我們如何創造也有責任。

在我看來，這種想法可以帶來更全面的倫理理論，以先前探討過的telos（目的）概念為其基礎，但又增添額外的面向。

目的論（teleology）的概念其實並不新鮮，其核心是「事物應當『符合目的』」。我們之前討論刀子的目的（用於切割），以及「一把好刀子的要點在於好切」的相關看法時，已經探討過這一點了。有一點很重要：並非已經帶來一組結果的刀子，才叫一把「好」刀子。就算從來沒用過，這把刀子的特性也依舊明顯。因此，刀子的「好」無須以結果（影響）來評估。這種「好」反而是要往刀子本身去找的──以及刀子有多麼能滿足其特殊目的。

同理可證，一段美妙的友誼之「好」，並非透過其產生的結

果來評判。朋友的「質」不能往友誼之外去尋求。這種「好」存在於關係、共同的信心、信任……當中。

　　現在，還有一件我覺得必須考慮的事情。我主張：我們創造的事物光是「符合目的」還不夠。這個目的本身應該具備建設性（而非破壞性）。此外，我認為我們有義務以正確的方式完成創造的任務。**目的**與**手段**同等重要。最後，我想我們的意圖要有倫理上的重要性。總而言之，我們應當為了正當的理由，憑藉正當的手段，創造正當的事物。

　　身為「創造者」的這個角色是有尊嚴的。創造者的價值與他們的財富、權力或特權無關，而是在於他們各自的技巧與創造力。人人都能成為創造者。因此，「創造者」這個類別不僅包括科學家、技術專家、工程師與建築師，也同樣包括孩童、工匠與藝術家。

　　不過，我不禁想把「身為『創造者』」的這個構想提升到另一個層次。原因跟我的主張有關：我們每一個人涉及的**創造**並不限於我們的人生，更擴及於你我周遭的世界。因此，我們所創造的事物必須是為了好的目標，運用合理的手段，以正確（有建設性）的原因為動力。

　　這種倫理學取徑有其貼近現實之處，我希望能藉此讓各行各業的人都能理解。相較於把倫理學看成某種抽象、理論的東西，這種作法邀請你我以一種格外有力的方式，看清我們的價值觀與原則如何體現於我們所創造的事物，進而化為我們出力去形塑的世界。這種作法呼籲每一個身為「創造者」的人都為自己創造的事物負責，無論是以個人的身分或是以群體成員的身分所創造。

　　我想，身處變化萬千、影響深遠（例如與新科技有關）的時代，身處舊制度必須採納改革的時代中，這種方法特別適合幫助民眾與社會做出更好的決定。它會把我們所有人的注意力拉回談目的的問題上，卻未必要求我們放棄業已建立的傳統。這是進步派與保守派都能擁抱的方法。

　　這種方法以簡單的問題起頭：我準備要創造什麼？為何創造？目的是好的嗎？我創造的事物能「符合」這個目的嗎？我要如何創造這種事物？我能為自己預計採用的作法辯護嗎？最後——是什麼動機驅使我展開這個計畫？

　　我們從事的任何任務——無論是成立新組織，或是設計一款新遊戲——都應該接受上述問題的提問。這跟我們所創造的事物（甚或是新的關係）是什麼無關，這個問題能為我們的決策「打好基礎」。

向前行
MOVING ON

　　現在，你應該已經對倫理學領域、倫理學的核心問題——「該怎麼做？」——以及相關考量有整體的認識了。對於目的、價值、原則以及你的關注範圍，你應該也已經處於能至少初步評估自己倫理立場的位置了。你或許已經決定（試探性質也無妨）要用什麼來建構你個人的道德。而你或許也已經有了自己的口味，想活出有倫理的生活，而非傳統上的道德生活。

　　這一切都能幫助你更容易理解我在本書所探討的問題——以

日常生活一環之姿浮現的種種。我說的大部分內容，都會反映我自己的價值與原則，畢竟我會注意的都是我覺得重要的事情。你或許會注意到不同事情，抑或是認為我的觀點很奇怪，甚或是很狹隘。

　　但事情就該如此。對於我所說的一切，你都應該像俗話說的那樣「盡信書不如無書」。要懂得懷疑。問問你自己，**我**的想法跟**你**自己的倫理框架如何會產生關聯？但同時你也要對新的概念保持開放。問問你自己，你的反應是不是根據你以前沒有真正檢視過的定見？你是否非得遵循某種不是你自己想出來的道德規範，而純粹是承襲自過往，受到父母、老師或其他形塑你人生的人所影響？

　　最後，當你思索我所探討的問題時，仔細想想你實際上會怎麼選擇，也仔細想想你的選擇會如何揭開你尚未顯現的人生，甚至是如何貢獻這個世界。

問題
THE QUESTIONS

　　這個部分所探討的主題，是從倫理中心成員、參加危險思想節等活動的人，以及同事熟人製作的初步建議清單中選出來的。

　　這些主題涵蓋了「嚴肅性」的完整光譜。倫理學不應該只討論特定類型的事件；正好相反，我們應該了解倫理的面向與你我有更全面的過從——甚至連我們生活中最平凡無奇的一面都能看出倫理。正因為如此，我才會選擇處理從墮胎到行動電話禮儀等各種關懷——鮮少會列進同一張清單的議題。

　　我所說的可能有一大半會是分歧的來源。有些條目可能會被人斥為太過不值一提或過於明顯。我願意接受這樣的批評。本書不打算為困難（或簡單）的生活問題提供權威式的指引，而是意在促成反思和討論。何況，有些對某人來說顯而易見的事情，對另一個人來說可能就是天啟，這種情況之頻繁實在令我印象深刻。

　　未來我或許會架個網站，讓大家可以在上面新增主題，針對別人應該考慮些什麼提出自己的看法。這麼說來，本書不過是個開始。

公民對政府的責任
A CITIZEN'S OBLIGATION TO GOVERNMENT

有個政府部會首長得意地告訴我，說每個人都是他的「老主顧」。他期待我會覺得受寵若驚。我告訴他，我不是老主顧，而是個公民。他則答說實際上沒什麼差別。

民主政體中，公民是所有治權最終的權力來源。他們跟政府閣員的關係不是用交易來定義的。他們的權力不會因為他們使用政府的服務而有所增減。這在民主政治權力等式中是個固定項。

政府的存在不應該只是為了滿足公民的需求，更要為他們的福祉服務。因此，政府必須用比購買者與供應者更廣闊的角度來看待這種關係。反過來說，公民的責任則有遵守法律（在良心的範圍內）、為政府營運所需的經費帶來貢獻（透過繳稅與關稅）、參與民主協商過程（至少要現身投票）且了解情況而有能（透過教育等等）。如此一來，公民才能在私人領域中對美好社會的創造與維繫有所貢獻。

跟我說話的那位閣員確實是個好人。他人很誠懇，但他搞錯了：公民絕不只是政府的老主顧。

問題
THE QUESTIONS

政府似乎掌握所有權力，這會讓它們產生一種掌管一切的感覺，因此可以規定它們跟公民之間關係的本質。對民主體制來說，這是一種錯覺。所有的權力終究來自公民，畢竟掌控憲法的

是公民，而憲法又是所有權力最終的基礎。那麼，公民對政府有
什麼責任呢？

明確來說：

◆ 你對政府及其公民之間的關係有正確的認知嗎？
◆ 你是否盡你該盡之事，以配得上身為公民的榮譽呢？
◆ 你會試圖讓政府對其權力之運用負責嗎？
◆ 身為公民，你是否認為提供良好服務就是政府對你的全部
　責任呢？

墮胎
ABORTION

有些「試金石」主題可以讓家人與社會嚴重分裂為不同陣
營，甚至彼此敵對。墮胎就是其中之一。我對墮胎議題的關注來
自個人經驗。當我還是小男孩時，我母親面臨選擇：一邊會嚴重
危害自己的健康，而且很可能致死，另一邊則是生下我那尚未出
世的弟弟。她在一封寫給姊妹的信上說：

> 我今天得回去看〔某某〕醫生，他說得很清楚，除非中
> 止懷孕（而這代表孩子一定會死），不然我要不是自己死，
> 就是受到永久性的傷害，最後會讓我終身殘廢。你可以想像
> 我現在有多苦惱。我真的覺得，要是我允許中止，我會無法
> 原諒自己，但我又必須考慮〔我先生〕和我的三個孩子。我

還開始想，事實上我有沒有權利自殺呢？

找到這封信的時候，我已經在倫理中心工作很久了。我在中心最早的工作之一，就是設立倫理電話（Ethi-call）服務，是個我母親在與自己的掙扎搏鬥時或許可以來尋求幫助的地方。但對她來說為時已晚。最後她選擇生下孩子，而她也在一年又一天之後過世。不過，她對得起自己的良心，對自己的決定沒有任何不安。我的弟弟安格斯（Angus）也活了下來。

多數關係到墮胎的決定不會是在「母親的生命」與「未出生的小孩」之間做這麼可怕的選擇。通常這個問題直接關係到的是女性對自己身體的控制權。不可否認，對於希望懷孕的人來說，懷孕是一段豐富而滿足的體驗。但為了孕育一條生命而提供一個人的身體，這必須是出於自由選擇，否則就是不公平的重擔。

對於墮胎的主要反對，來自主張胚胎──而且是任何胚胎──都有生命權的人。這種主張常常跟宗教信念有關：所有生命都是神的禮物，因此人類沒有權利取走生命──無辜的生命自然不在話下。墮胎因此成了一種謀殺的形式。這種主張相當新穎：以前都認為直到一個人出生為止，這個人才算存在。任何尚未出生的胚胎確實都有可能存活，但這不表示胚胎是個人──而「人」這個詞是用來指具備完整道德權利與責任的存有。其實直到近年來，尚未出生的孩子都不可能遭到謀殺，因為法律不認為他們是個人。當然，法律容許例外，但這一點也在變化。

我們有充分的理由（科學與神學皆然）可以駁斥「人自受孕的那一刻便存在」的看法。雖然人類的生命可說是起於卵子受孕

的那一刻，但受精卵還需要幾天才能著床，細胞才能充分分化，進而確立某種本體的身分。也就是說，有這麼一段時間是你不可能把「人格」賦予一個胚胎的。從神學觀點來看，由於甫受精的卵子情況並不穩定，若全能全知的存有在某個祂知道註定會消逝的胚胎中植入靈魂，那將是殘忍而無意義的舉動。然而，在懷孕過程中確實有個胚胎發展為胎兒的時間點，獲得某種身分與維繫生命的可能性也愈來愈高。這才是實際做選擇變得困難的時候。

　　「思想實驗」確實有可能測試人們對於這個主題確切的想法。哲學家兼教育家萊絲莉・坎諾德博士（Dr Leslie Cannold）便以此作為她博士論文研究的一部分。[4] 她跟幾位自認為「支持生命權」或「支持選擇權」的女性合作，請她們想像可以利用一種稱為「體外發育」（ectogenesis）的方式，讓胎兒在人工子宮中發育，然後問她們是否支持這種方式。原本的假設是論辯中的兩造都會同意。支持生命權的女性能得到自己想要的──保住未出世孩子的生命。支持選擇權的女性也能得到自己想要的──掌控自己的身體。誰知結果出爐，這兩組女性都拒絕同意。

　　坎諾德博士發現，許多支持生命權的女性要求的不僅是讓未出生的小孩活下來：她們還要求懷孕婦女「承擔責任」，並且在懷孕所帶來的結果中體驗生活。支持選擇權的女性要求的也不僅是拒絕承擔不願生下的孩子，她們還堅持就算孩子以其他方式生下來，別人也無法成為其父母。換句話說，在有關墮胎的倫理地

4　Cannold, L (n. d.), 'The Abortion Myth', http://cannold.com/articles/article/the-abortion-myth/.

位爭議中，兩種立場的擁護者都懷著原本公開主張以外的理由。類似的議題經常都是這樣，看穿爭議的表面、找出真正為爭議提供動力的是什麼，才是要緊事。

最後，以為女性想到墮胎的情境多半都會感到沮喪的想法是錯的。許多人表示自己離開診所時感到開心、如釋重負，覺得能掌握自己的生命。她們並不悲傷。

首要原則是，是否進行墮胎的決定權應該完全屬於女性——根據充分的認知與良知行事。沒有別人比她更得承受這個決定，因此必須由她來做決定。我父親就是採取這種立場。他充分了解決定權終究屬於我母親。

問題
THE QUESTIONS

假如胚胎在不受干擾的情況下成為人類小孩生下來的話，女性主宰自己身體的權利是否優於這個胚胎的權利呢？

明確來說：

◆ 有沒有哪個值得信任、不偏不倚的人能讓你尋求建議？

◆ 要在懷孕的哪個階段下決定？愈早做決定，胚胎就愈不容易發育到咸認具有獨立身分的程度。（先前提到，某些宗教〔尤其是羅馬天主教〕並不認為靈魂會自動置入每一個成長中的胎兒體內。畢竟我們很難理解一個全知、全能、全善的神怎麼會把一個靈魂擺進某個已知不會有未來的存有中。）

- 在決定中止懷孕或決定保住小孩的時候，你有受到任何壓力嗎？
- 是否有其他人也擁有合法的權利，是必須與之商量，作為你決定的一部分呢？
- 你是否能接受你的決定？回答「是」並不會減輕你感受到的情緒重擔，但長期而論，知道你為自己做的是對的決定，將能為你帶來力量。

收養
ADOPTION

有些伴侶無法自己懷孕生小孩。原因很多，例如生育能力問題，或是家庭結構的影響——尤其是無法從其他關係中擁有小孩的同性伴侶。無論如何，捐精捐卵、代理孕母和體外授精都是可行的選項。不過還有另一個選項，是尋求收養其他沒有能力或意願照顧的父母所生的孩子。收養程序在大多數國家都有詳細的規範，最重要的目標是確保孩子長期的幸福，因此免不了仔細評估潛在繼父母的適合程度——無論是他們有沒有維持家庭所需的財源，或是兩人各自的個性與兩人關係的本質。

近年來，繼子女的權利已經擴大到包括試圖與生物學父母聯繫的權利，不過這種權利鮮少在違反繼父母的意願下執行。人們通常很想知道自己的出身，假如有可能的話，也會想尋找生物學上的兄弟姊妹和整個大家庭的成員。尋找個人病史也常常是尋親的強烈動機。

然而在實務上，繼父母面對最重大的切身問題則涉及決定收養孩子的數量、做出拆散親生手足的決定（例如同在孤兒院的兄弟姊妹），以及想出何時、以何種方式讓孩子知道自己是收養的。

一般來說，孩子年紀愈長，就會愈好奇自己要是在原生家庭的話會是什麼樣子，對於自己外表上的差異也會愈來愈有意識。繼父母從繼子女開始問問題的那一刻便誠實直接的話，經常最能保障繼子女的幸福。理想情況中，這些繼父母對孩子的親生父母會略知一二，而這些資訊連同孩子收養前後的小細節與大事記可以蒐集成一本「生命書」——為孩子的生命故事提供連續性。當然，發現自己是繼子女可能激起許多情緒：理應讓這些情緒釋放，永遠記得孩子能在繼父母的愛與家庭中感到安全，畢竟繼父母是在眾人之間選擇了他們。

當然，接下來還有那些沒有人選擇收養的孩子所面臨的命運。他們或許不好看或不討喜；他們或許天生就愛惹麻煩。即便如此，他們無疑也希望能在孤兒院之外找到一個家。假如你為了能有自己的孩子而參與收養體系，那麼你對於那些不幸沒人選中的孩子有什麼樣的義務呢（如果有的話）？老是被人留下來的感覺到底是什麼樣呢？

問題
THE QUESTIONS

想收養孩子的人必須認真考慮各種因素。他們是否有把握，確定可以認養的孩子並非來自不道德的手段——例如對弱勢父母的剝削，甚或是偷抱來的？他們是否肯定自己為孩子提供的生活

就算不比原本好，至少也不遜於原狀？他們是否有能力提供穩定的家庭生活，讓繼子女健康成長？

明確來說：

◆ 你們的關係品質以及財源是否能讓你們收養小孩？
◆ 你們將來會不會面臨向你們的繼子女解釋其出身，同時又有責任尊重其親生父母隱私權的處境？
◆ 處於自己組建家庭的渴望中，你們要如何權衡所有可認養孩子的利益呢？假如有些小孩因為不合你們對「理想小孩」的期待而落選，你們對他們是否有責任呢？

年老
AGEING

澳洲人平均壽命增加，只有原住民與托雷斯海峽群島（Torres Strait Islands）居民例外，令我們汗顏。最新的預測是，到了二〇五六年，新南威爾斯女性平均壽命為九十一點四歲，男性則是八十五歲。[5]壽命延長的幅度十分誇張：不久前的二〇〇七年至二〇〇九年間，新生女嬰的預期平均壽命為八十三點九歲，而新生男嬰則是七十九點三歲。[6]與此同時，醫學與相關技

[5] New South Wales Treasury, http://www.treasury.nsw.gov.au/__data/assets/pdf_file/0016/128131/NSW_Treasury_-_Intergenerational_Report_2016_web.pdf.

[6] Australian Bureau of Statistics, http://www.abs.gov.au/AUSSTATS/abs@.nsf/Lookup/4102.0Main+Features10Mar+2011.

術的發達（義體、遺傳學等）不僅有望讓人活得更久，而且可以活得更健康。

但是，我們的工作與社會安排，泰半仍與大多數人六十五歲退休後不久便離世的時代一致。上述的重大人口變化導致愈來愈多澳洲人如今必須重新想像，自己退休後二十年以上的時間該怎麼生活，而他們在這段時間中或許年紀大，但不見得老邁虛弱。

有些人屆滿退休年齡時，人已經因為工作而筋疲力盡了。收入來自工廠、農場等體力勞動的人通常如此。這類人把休息與娛樂視為嚮往的桃花源。也有人想要或需要繼續工作，原因若非出於自願，就是經濟上的必要。政府已經計畫提高退休年齡至七十二歲，此舉多半是為了幫逐漸增加的長照成本挹注資金。

馬克‧弗里德曼（Marc Freedman，安可基金會〔Encore.org〕創辦人與執行長）等人倡導說，我們需要為這段生命期間創造新的類別名稱，[7] 就像心理學家兼教育家格蘭威爾‧史丹利‧霍爾（Granville Stanley Hall）在十九、二十世紀之交創造「青少年」一詞一樣。[8] 弗里德曼提議我們把中年與老年之間的這段時間想成尋找生命意義的契機，畢竟這時我們已經不再受到家庭承諾或經濟需求所束縛。我的朋友艾倫‧許瓦茨（Alan Schwartz）在一封給我的私信中訴說自己的想法：

---

[7] Marc Freedman (2012), *The Big Shift: Navigating the New Stage beyond Midlife*, http://www.amazon.com/Big-Shift-Navigating-Beyond-Midlife/dp/1610390997.

[8] Wikipedia (2017), 'Stanley Hall', https://en.wikipedia.org/wiki/G._Stanley_Hall.

……今天我可以合理預期自己還有二十年強健的日子可過。我（和數百萬我這一代的人）之後要怎麼度過這段新出爐、未經命名且未曾有人涉足的年歲？我覺得正確答案應該類似這樣：「為了在接下來二十年活得既滿足又快樂，我必須投注極大的專注與堅持，將我的經驗與資源轉向有助於未來世代福祉的規畫。」

說比做容易。我擔心不只是我，甚至是我的同輩旅伴中有高比例的人都無法發揮自己的潛能。少了儀式、路徑與社會規範，我們之中有太多人可能會浪費多出來的這些年。我們有太多人覺得無所適從、不事生產，而且空虛。

對每一個失落的人來說，這當然是個人悲劇，但社會也失去了一個契機。為了避免浪費，同時充分運用這段新歲月的潛力，我們必須努力堅持為這段歲月發明、設計並傳播**儀式、路徑**與**社會規範**……[9]

當然，並非人人都能自由做這樣的選擇。有些人會投身於照顧自己所愛之人；有些人缺乏財務資源，無法顧及度日以外的事情；還有許多人純粹因為體弱多病而沒有機會做自己想做的事情。

我們要用這些時間做什麼？答案因人而異。重點在於：有新的選項需要考慮，因此也有新的選擇得做。

---

[9] Alan Schwartz, pers. comm., May 2016.

問題
THE QUESTIONS

當我們以更健康的身體活得更久，一旦我們從其他責任中解脫，多出來的這些年我們要用來做什麼？我們是享受老年，還是尋求新的意義來源──說不定為成長規畫一條新途徑？

明確來說：

◆ 你為自己希望享受的額外時光賦予什麼價值？

◆ 未來的不確定性對你的選擇有多大影響？

◆ 你是否有優於個人興趣的責任必須先處理？

◆ 有誰會受到你的決定所影響？他們對你的決定可能會怎麼想？

◆ 你覺得自己做得夠多了嗎？現在是你休息玩樂的時候嗎？

◆ 有什麼習俗與文化上的障礙限制了你的選擇？你是否有時間與精力去挑戰這些障礙？

◆ 你如何確保其他人也能擁有你所考慮的這些選項？你是否得天獨厚──處於能不讓別人獲得選擇權的地位？

酒
ALCOHOL

我跟酒有過幾次不愉快的交手經驗——宿醉慘到你會對自己說「下不為例」。儘管如此，偶爾來一杯還是很讓我享受——當然，要節制。

無可否認，酒雖然容易取得，社會普遍也接受，但酒仍然是種危險的神經影響物質。酒會為本可避免的暴力提供助力，讓原本有理智的人變成笨蛋，而且還會造成長期健康問題——不只影響個人，對社會也是負擔。

我們都得承擔家庭、醫療體系與經濟的成本。一旦意識到這些成本，不時會有某些社會試圖禁止酒類的生產與消費。能發揮作用者寥寥無幾，甚至根本無法落實。一部分的原因或許在於，適量飲酒也能舒緩社交緊張、擴大眼界，這正是酒在各式各樣的娛樂用藥中始終大受歡迎的一個理由。酒也是「文化產物」（cultural artefact），想釀出好酒，可是需要超凡的工夫。天然原物料（例如水果、穀類與水）轉變為嶄新的產品，不僅教人醉，更能愉悅感官。

對酒批判最力的理由，通常是譴責酒精會讓人理智思考的能力退化，進而讓我們隔絕於「聖神」（宗教用語）或讓我們失去對卑賤本能的控制。不過有些宗教卻把酒納入其儀式中——例如對基督徒來說，他們相信基督第一次行神蹟就是把水變成葡萄酒——其他宗教則擁抱理智的「鬆弛」，認為是深刻感受的契機。

問題
THE QUESTIONS

飲酒能不能有一定程度的節制，既讓人能體會到酒的益處，同時將代價減到最低，甚至完全消除？

明確來說：

- 飲酒的地方是否安全──地點安全，同伴都是有理智的人，時間也適當等等？
- 你是否已經喝到喝更多不會進一步助興，而是只會讓你難受的程度？
- 你喝醉是否會對他人帶來負面影響？他們在這種處境中是否有權不受你影響？你是否審慎對待他人的文化或宗教價值？
- 你有沒有備用方案──安全的交通、食物、借宿等等？
- 你有權為他人提供酒類嗎？在場有沒有小朋友？如果有的話，應該遵守哪些正式與非正式的「規矩」？

動物福利
ANIMAL WELFARE

走進黑漆漆的房間裡，我們多半會馬上開燈，絲毫沒想過電力產生、輸送背後廣泛的人力與設備網絡。我們對待吞下肚的食物也泰半如此：我們通常不太會想到農夫與牧人、卡車司機、加

工者等負起責任餵養我們的人。

在你我食物供應過程中不可或缺的這些人通常是有機會發聲的。我們不時聽到他們的聲音——例如發生天災，大盤商打算付的比生產的成本少，或是便宜進口貨湧入市場時。但動物講不出話，只能仰賴人類為牠們辯護、代牠們喉舌的意願。

人類對待動物的態度不僅因時而異，也會因地點與文化而異。許多原住民族跟動物（與植物）有親屬關係，而這種關係網絡也主宰了他們與動物的互動。例如通常有種禁忌，是跟某種動物有親屬關係的人就不得殺害那種動物。其他人可以這麼做，但有直接親屬關係的人完全不行。即便其他人可以，殺死動物的人在行動的時候，也必須對取走的性命抱有極大的敬意。此舉會帶來儀式與精神體驗的瞬間，認知到動物的「生命之禮」存在，讓人小心仔細，以免浪費這份餽贈。因此，涉及這個活動的人通常會徹底運用動物的屍體所能提供的一切。

當代西方社會多半已經失去這種崇敬——尤其是涉及在工業規模下飼養的動物時。個別的農民與牧民通常會跟自己的牲口培養出強烈的情感聯繫，縱使他們曉得牲口註定會遭到屠宰亦然。但最末端的消費者鮮少想到動物，就算想到，也只當牠們是另一種為己所用的商品而已。對動物的個人愛好反而專門留給寵物，而且寵物常常經過特別育種，以討好其人類主人。此舉會以自然所未曾打算的方式形塑動物，還經常害動物受苦。比方說，英國鬥牛犬的頭經過育種，已經大到雌犬無法以自然產的方式生下小狗。這類例子屢見不鮮。

彼得・辛格（Peter Singer）教授是澳洲最有影響力的哲學

家。他的思想與生活方式為全世界造成極大的影響——尤其是關於人類應該如何看待動物，跟動物應該保持什麼樣的關係。他的出發點是，動物有感受快樂與痛苦的一定能力，原則上，這就跟我們自己感受的能力並無二致。他因此主張我們應該盡可能對動物感同身受。他進一步表示，動物因為人類的緣故所受的多數苦難都沒有必要——人類的衣食娛樂可以用不傷害動物的方法為之。為了身言合一，只要自己的實際生活允許，辛格都吃全素。儘管他使用經過動物實驗的藥物，但他呼籲盡早以其他方式取代這些「動物模型」（animal models），人類也該主動為此規畫，而非坐等技術出現。

　　動保人士有能耐揭露虐待、剝削動物的實例，促使一個注重動物苦難的新社群出現且不斷成長。動物福利在民眾心中尚未具備首屈一指的重要性，但確實有一股潮流出現，偏好製造過程注重動物福利的商品。放養蛋的銷量因此不斷提升——如今「放養蛋」一詞已有明確定義，只是跟大多數民眾以為的不一樣。根據與相關產業的妥協，這個詞的定義是允許讓小雞關在擁擠的雞舍，而非某些人預期的那樣在戶外自由走動。

　　這個社群大致接受的基本主張是：假如動物是為了人類的好處所用，則應該讓動物好活且善終。讓動物「好活」的意思是，讓牠們盡可能以自然的方式過活，讓牠們發揮自己的天性，生活在適當的環境，然後以不痛苦的方式死亡。多數（說不定是所有）的豬喜歡在泥裡打滾：把豬一輩子關在混凝土豬圈中，等於不讓牠們有機會以本然的豬性（pig-ness）而活。

　　然而，經濟現實與這種理想的實現相衝突。一般而論，以關

愛同情的方式飼養動物，會比便宜的集約農業選擇昂貴許多。我個人的觀察是，多數農人與牧人都很願意改善其牲口的生命品質，但這意味著民眾必須為食物支付更多錢，而目前為止這並非大多數人所願。居中的大企業顯然更不願意，畢竟它們主要為市場情況所驅，渴望讓收益最大化，為股東帶來最高的利潤。

讓處境雪上加霜的是，動物福利相關的辯論不只關乎快樂、痛苦與折磨。有些哲學家（例如彼得・辛格）有更恢弘的主張——某些動物（靈長目、高等哺乳類等）等於「人」（persons），亦即這些動物跟人歸屬於同樣的道德範疇。如此一來，只把動物當成滿足我們目的的手段就是錯的。

這種主張堪比當年讓奴隸制終結的論述。當時的說法是，奴隸也是人，有其內在尊嚴，因此不能作為他人的財產。問題不在於奴役是件殘忍的事（雖然通常很殘忍）；奴隸制度之所以遭到譴責，是因為它違逆了每一個人對於自由與尊重的基本權利。倡導動物權利的人也呼籲對動物的地位做類似的檢證。牠們是人類的財產呢？抑或至少有某些動物應該視為「人」呢？

有些人強烈反對把動物提升到人類倫理高度的想法。反對者通常有其宗教基礎：只有「人」（man）是按神的形象所造的。其他人則是對動物做出良知道德選擇的能力抱持懷疑，認為要有這種能力，才能讓牠們超越本能與欲望的驅使。

說到底，動物與人都是肉做的。我們都拒絕放棄生命；我們都趨向快樂，受痛苦影響。這些再明顯不過了。總之，無論是豢養或野生，無論是作為食物或其他人類所想要或需要的物品，只要談到動物福利，就算我們主張動物有「人格」，還是有很多需

要考量的。

問題
THE QUESTIONS

我們應該如何看待、對待動物？整體而言，我們個人與集體的義務要涵蓋牠們的福利到什麼程度？

明確來說：

◆ 除了使用動物之外，是否有適合的替代方案能提供我們需要或想要的東西？

◆ 我們是否慎重看待自己的選擇對動物的可能影響（無論好壞）？

◆ 關於動物在我們購買的產品生產過程中受到什麼樣的對待，我們是否有可靠的資訊？

◆ 我們支付農人與牧人的錢是否夠多，足以讓他們的牲口好活善終——一如多數鄉下生產者所期望？

◆ 我們該承認「動物權」嗎？

◆ 我們跟動物的界線該畫在哪兒：我們關心螞蟻的方式，應該跟我們關心貓或狗的方式一樣嗎？

◆ 動物在自然界會經歷到痛，也會受苦，但有些動物活在我們的掌控下，這個事實能讓人類免除為活在我們掌控下的動物減輕痛苦的責任嗎？

動物與產品實驗
ANIMALS AND PRODUCT TESTING

　　許多人之所以能健康幸福，甚至之所以能活著，是因為拿動物為醫藥上的突破做實驗的緣故。還有許多人的虛榮或舒適，得歸功於拿動物做實驗，才能確保洗髮精與化妝品等產品在使用時不致造成刺激或其他傷害。這兩種情況的「白老鼠」都是動物，那我們該如何界定可接受的界線呢？

　　有人主張不該因為任何目的而在動物身上做實驗，要是我們想知道對人類來說什麼好、什麼壞，我們就該拿這些產品與配方在人類身上做實驗，而非老鼠、靈長類等等。他們的立論點不僅是因為人類是最適合的「受試者」，而且也是因為如果我們人類是這類實驗的受益者，我們同樣應該承受其代價。

　　站在對立端的人則認為既然動物是人類可以擁有的活物，我們就應該可以隨意運用牠們。他們的根據是，動物只是另一種為人類進步與福祉所用的工具而已。這不必然代表人類可以虐待動物，但要是在「讓人類受苦」與「讓動物受苦」之間選擇，則讓動物受苦為惡較輕。

　　還有人居於中間，他們通常接受人類有些重要的「物品」（例如醫藥）非得有動物做實驗才會進步的事實，並希望盡可能找到更好的替代方案。這些人或許會同意為了必要的目的而進行動物實驗，但他們不太可能接受為了像是化妝品相關的「非必需品」而這麼做。

　　最後則是開發、利用動物實驗技術的科學家與技術專家。他

們的工作多半受到嚴格規定，他們也致力於將動物的痛苦減到最小，對牠們的好處則將之最大化。就歷史而言，動物常常成為殘忍實驗程序的受害者，但今日多半只有在沒有替代方案的情況下才會使用動物，而且必須細心照顧牠們。

問題
THE QUESTIONS

什麼樣的情況才能用動物進行實驗？有沒有任何情況是你會拒絕使用經動物實驗所得來的產品呢？

明確來說：

- ◆ 用動物實驗的產品是否為必需品（例如開發救命的藥物），抑或純粹為了人類的方便而用動物做實驗？
- ◆ 假如你的孩子或其他家庭成員危在旦夕，你會作何感受？
- ◆ 假如不用動物，你願不願意當白老鼠？
- ◆ 假如你養寵物，你願意讓寵物當實驗品嗎？
- ◆ 拿動物做實驗的人是否已經窮盡其他可行的辦法了？
- ◆ 你是否知道你使用的產品在創造的過程中有無用動物做實驗？假如你發現特定產品用動物做實驗，你會不再購買嗎？
- ◆ 你對於科學研究中使用動物的相關規範是否熟悉？
- ◆ 我們要如何確保動物能夠發聲，讓牠們不受不必要的苦？

死之將近
APPROACHING DEATH

　　死的可能是生的一部分。我們的死，我們所愛之人的死——無論這念頭多讓人討厭，我們最終不得不去思索這些事情。

　　對待死亡的態度因文化與時代而異，但有一條通則會無視於環境一再出現——「善終」是「好活」的終極表現。

　　因此，維京勇士或許會希望自己生命的最後一刻人在戰場上，拿著刀劍、斧頭與盾牌對抗敵人。宗教殉道者則認為自己若能將信仰堅持到最後，就是善終。（這種態度也可以解釋某些社會的死刑何以有如此恐怖的場面，因為他們相信活得罪惡則不得善終。）

　　多數人不會認為橫死是種善終，反而會希望死時坦然而不慌張。「好活」的想法這時又出現了。假如生命的最後片刻要坦然，就不該對沒有做好的事情感到悔恨。這不必然是因為對某種死後懲罰的恐懼，純粹是因為你對別人做的錯事已經很難、甚至沒辦法補救了。

　　當然，有些人才不管別人好不好。許多人無論是死是活都很坦然，知道自己向來不在乎別人的感受或幸福——不會愧疚，不會後悔。這個世界上才沒有那種好人受獎勵、壞人受懲罰的道德經濟（moral economy）。住在北納米比亞與南安哥拉的辛巴人（Himba）透過歌曲作為每一個人的生命標記。他們的生命之歌會愈唱愈長，每有一件大事，就會唱進歌裡。當部落成員齊聚於

將死之人之側，就是這首歌最後一次吟唱之時。[10]將死之人聽著別人重述自己的生命———一切的好壞。要是一個人沒有活出好生命，那要怎麼善終呢？

與死亡的另一面有關係的，倒不是我們自己，而是別人。我們或許時不時必須做決定，看是繼續醫療，或是結束醫療。生命走向未知的這個人能清楚表示自己的想法當然很好，但情況通常不是這樣。這時我們心裡都得清楚辨明———延長生命跟延長死亡過程是不一樣的。若是未能辨明，我們共同的決定有時候等於讓心愛之人死得更折磨。醫療技術無法做出倫理判斷，但我們可以。

問題
THE QUESTIONS

我們註定一死，我們所愛之人亦然。面對由生到死的轉變，面對所有生命自然的歸趨，我們應該抱持什麼態度？

明確來說：

- ◆ 你認為哪些價值與原則界定了「好活」？你會把這些價值與原則實踐到什麼程度？
- ◆ 你是否活得不後悔？假如你的生命———你的整段生命，都會在你死時唱起，而你再也沒有機會修正自己做錯的事，你會有什麼感覺？
- ◆「正義興許會在來生實現」的念頭是否能安慰你？還是會

---

[10] https://www.facebook.com/TheMindUnleashed/photos

嚇破你的膽？

◆ 你能不能接受死亡是生命自然的一部分，而非某種與生命無關的事情？

◆ 你是否有能力區分延長生命與延長死亡過程的差異，尤其是影響重大的時候？

參加無聊活動
ATTENDING BORING EVENTS

我們有時候會獲邀參加某些自己寧可不去的活動。你我的出席通常不會有人注意到，因為找我們來的人只是在湊人頭而已。有時候你八成可以料到，屆時場合只會因為有多糟而受人銘記，但還是有人期待你為了別人而來，因為你的出現對他們來說真的很重要。

不過呢，許多心不甘情不願參加活動的人最後卻有意外的驚喜。要是他們因為一開始的念頭而放棄，不考慮其他人，說不定就會錯過他們一生最重要的場合——新契機、新感情、新朋友，各種各樣。

問題
THE QUESTIONS

生命苦短，何必花時間做某件經驗告訴你一定很無聊的事情？何必把他人的利益擺在你自己的喜好之前？

明確來說：

◆ 你有沒有想過，你的預期或許是以錯誤的假設為根據？活動會不會比原本預料的更好？

◆ 有沒有什麼事情，是你做了以後可以改善經驗的——例如跟朋友一起去？

◆ 你有沒有特殊的承諾，是得透過參加而遵守的——例如因為聯絡家人感情而有義務參加？

◆ 你**真的**有更好的選擇嗎？

◆ 你有沒有考慮過，身為社會的一分子，其中一項代價就是必須在你寧可自己一個人，或是想去其他地方的時候，還得耐著性子跟不同類型的人社交？

成為政治人物
BECOMING A POLITICIAN

曾經，一位公民最崇高的志向，就是在自己社會的政治生活中扮演某個角色，藉此為這個世界「帶來不同」。然而近年來政治人物若非遭人汙衊，至少也為人嗤之以鼻。

如今許多參選的人都來自主要政黨，出身閣僚、工會與政黨職員之列。也就是說，多數早已是政治圈的人。這一點加上政黨若干啟人疑竇的舉動，例如透過私人關係追求公權力，都讓政治人物的聲望大跌。確實，整個政治圈日益受到質疑（至少在西方自由民主國家是如此），民粹型反政治人物（populist anti-politicians）正掌握大權。

對於政治活動地位的衰落，其中一種回應方式是新型態公民

參與的出現——包括運用公民陪審團，讓一般人可以對公共事務做出充分認知的決定。不過也有其他選擇，例如整個社會的跨領域代表或許有可能發揮民意代表的作用。身為代表的人必須有所犧牲，尤其是犧牲與親朋好友相處的時間。政治需要專業。但我們公民要是不願意服務，就沒有什麼立場抱怨。

問題
THE QUESTIONS

假如政治讓眾人失望了，你我是否有責任成為解方中的一部分？期待政治圈外的眾人自願從事一段時期的公職，這種想法是否合理？

明確來說：

- ◆ 若你不參與貴國政治活動，你是否情願接受後果？
- ◆ 與親人和個人生活有關的代價是否太高？
- ◆ 有其他方式能帶來改變嗎——除了競選公職以外的方式？
- ◆ 假如你有機會影響未來，你對如何成就美好社會是否有明確的理念？

多元成家
BLENDED FAMILIES

多元家庭愈來愈常見，分居、離異的個人覓得新伴侶，且願意接納前一段關係中出生的孩子為家人。只是事情不見得一帆風

順。比方說，大家都知道繼母面臨許多問題。但不僅於此，像是女兒會要求離婚的父親參加自己二十一歲生日派對時不要帶自己的新伴侶。

科學在人工協助生殖領域的進展，加上民眾愈來愈能接受同性伴侶彼此相愛、對彼此忠誠不下異性伴侶的事實，都讓家庭構成走向新的前沿──同性伴侶能組成穩定的家庭，可以由雙親之一或代理孕母受孕生子，或是收養。

問題
THE QUESTIONS

假如有一邊的家人反對另一邊的家人──例如，前一段婚姻的孩子拒絕承認雙親的新伴侶或繼手足，你會如何應對？要是親人或許因為宗教，或許因為文化因素（比方說）反對離婚，因此否認新混合式家庭單位的合理性，該怎麼辦？

明確來說：

- ◆ 你有權將自己的倫理標準加諸於他人身上嗎？
- ◆ 假如根據你的標準，在評估他人的家庭組成時，其組成是個人生命特徵所帶來的結果，而這種特徵是他們無法控制的──例如性傾向，這幾乎不是個人可以選擇的事情──把這種個人生命特徵考慮進來是否公平？
- ◆ 在特定的家庭組成中，是誰承擔代價，又是誰獲得好處？
- ◆ 你認為在混合式家庭結構中是否有責任階序？血一定濃於水嗎？

◆ 對於家庭結構，生活中處於父母主導、影響的孩子缺乏實際的選擇，他們的意願是否因此值得多一分重視呢？

◆ 假如女兒拒不允許父親帶新伴侶到自己的派對上，這種情況能求得妥協嗎？比方說，雖然有點卑微，但是否可以同意新伴侶參加某些派對，而非所有派對？假如無法讓步，哪一方的主張比較有理？例如，如果是女兒的慶祝場合，她是否能合理期待自己的意願獲得優先權？

犯法
BREAKING THE LAW

法治是澳洲生活的基本原則之一。法治從根本上反對另一種原則——「看誰拳頭大」，也就是幾千年來流氓惡棍用來把自己剝削相對弱者的行為合理化的原則。其中有些流氓惡棍有了不起的頭銜和貴族血統；有些後來決定試著彌補過錯，為世界做點好事，原因通常是因為害怕未來的懲罰。不過，無論怎麼幫暴行搽脂抹粉，使用暴力壓迫都是無法遮掩的。

原則上，法治堅持法律之前人人平等。無論貧富貴賤，所有人理應獲得司法正義，無須擔憂也沒有偏袒。這是理想情況。我們知道現實也許不同，但原則很難否定。一般人會認為你我都會守法。

罪犯自外於這條社會契約，選擇犯法，亦即在法律之外。在過去的時代，殺害罪犯是可以不受懲罰的：既然決定掠奪他人，罪犯也就放棄了自己的自由與權利。如今的時代則不允許個別公

民自己執法（只有少數罕見例外，例如自衛）。執法是國家專屬的職能，透過警方、法院與懲戒體系的通力合作而為之。

　　不過，犯法的人不盡然打算傷害他們的公民同胞與社會。有些人認為根據天地良心，自己無法遵守這條法律，原因多半是他們相信法律並不公正。典型的「良心犯」願意為了自己出於原則的不守法而付出代價。有些良心犯是拒絕服兵役，有些是破壞他們認為對環境有害的建設，有些是釋放受苦的動物，有些則是在當局明令禁止時示威抗議。

　　然而，抗爭的型態有時候會對依法行事的人帶來損失──例如礦業集團苦於產量損失，木材工人頓失生計。真正的良心犯會願意彌補這些損失（即便他們認為這些損失與不道德的行為有關），也願意為自己根據原則但不守法的行為付出公開的代價。

　　這就是陪審制施力的地方。我們始終能決定是否拒絕給某些遭到指控破壞法律的人定罪──雖然鮮少行使，但公民的這種特權確實彌足珍貴。

問題
THE QUESTIONS

　　有些法律並不公正。有些法律若非愚蠢，就是未能預見影響。但我們社會的自由、和平與穩定卻有賴於法治。既然所有公民都受益於這種情況，那麼什麼情況下，一位盡責的公民（而非罪犯）為了原則而破壞法律時是可以接受的？此時犯法應受何種懲罰？

　　明確來說：

- ◆ 反對法律時，你的質疑是根據原則還是個人方便？
- ◆ 你願意接受你原則性不服從的代價嗎──包括彌補你的行動可能對他人造成的損失？
- ◆ 假如人人都根據自己的原則而行怎麼辦？是否會造成無政府狀態？
- ◆ 是否有合法的手段讓你得以實現你所尋求的改變──例如在國會中修法？
- ◆ 非法行動是你最好的選擇還是最壞的選擇？

商業倫理與個人倫理
BUSINESS ETHICS AND PERSONAL ETHICS

我認識一個對自己宗教非常虔誠的信徒。然而在某個吐真言的片刻，他卻講了一些自己在商業領域中做了、但在個人生活中絕不會做的事情。他解釋箇中差異的方式是說，在職場上做這些事情的人其實不是他：他只是盡責而已。商業倫理與個人生活倫理之間的可能差異向來是人們激辯的主題。有人主張商業世界就像某種叢林，沒有任何規矩能約束生存者。其他人則把商場比作戰場──假如你對戰爭的本質有任何了解，就知道這是種很下流的比擬。不過，一般人似乎認為商業的競爭本質讓它自有一套獨特的規則。最恰當的比喻或許是運動──大家特別為相關行為制定規則，在規則的框架中競爭。

不過在商場與運動場上人們都會制定規則，也都可以選擇要不要下場比賽。此外，允許特定形式行為的事實，不必然意味著

你應該實踐之。畢竟我們過的是同一個生活——理想情況下的生活是個整體。為了適應情勢變化，我們個人的倫理框架或許允許一定程度的彈性，但我們必須知道界線在哪裡，才能避免從事會違背我們良心的行為。

總之，商業活動是在市場的整體倫理框架中運作，要是沒有價值與原則作為基礎，市場便無法有能且有效運作。要是參與者說謊、欺騙或使用不正義的力量，市場就會失能；這類行為會把市場扭曲到再也不自由、進而無法扮演其適當角色的地步，損及所有人的利益。

有些人從事的工作（例如間諜）需要他們以不誠實、不公平的方式行事，這是他們為了眾人好所付出的代價。這就是所謂的「髒手難題」（problem of the dirty hands）。對於這些例子，我們只能說：唯有真心為善者為他人而為之，且願意承擔這麼做的代價時，「髒手」才言之成理或可以容忍。這種情況少之又少，通常出現在戰爭或極端公共危難中。

我從來沒碰過哪種商業活動的公共利益，能重要到合理要求一個人在個人價值上做出妥協。即便商業活動提供的商品與服務有益個人與社會，但商業活動仍然是為了私利而存在。我們可能會委屈自己，迎合雇主的倫理要求——但不會委屈自己到破壞核心身分認同的地步。假如主要的目標是利潤時，要求到這種程度就過頭了。

問題
THE QUESTIONS

有時候（做生意時，或是更廣泛的勞動範疇中）別人可能會要求某個人運用有違於己的倫理標準。處於這種情勢，將個人倫理擺到一邊是否合理呢？若情況特殊，公司行號就應該根據平時不能接受的特殊倫理標準營運嗎？

明確來說：

◆ 我們是否該將商業活動視為特殊倫理個案，可以用競爭需求為理由，讓公民社會中原本不為人所接受的行為得以解套？將商業活動理解為根據叢林法則弱肉強食的活動，是否是最貼切的比喻呢？

◆ 商業（以及工業部門）是否應該有明確的倫理基礎，形塑其行動方式呢？

◆ 你曉得自己的倫理界線在哪嗎？你能妥協多少而不至於崩潰？

◆ 一旦你為某個商業組織工作，是否就必須對自己的倫理立場做若干調整？

◆ 你能否找到「符合」你倫理觀的一門產業或一位雇主？

商業倫理與環境
BUSINESS ETHICS AND THE ENVIRONMENT

我們每一個人都有機會透過自己做的決定——尤其是我們為

誰工作、向誰購買、投資誰——來影響世人對氣候變遷的回應。例如我們在運輸、旅遊、住居與家電方面的選擇，皆有其環境影響。

　　已經有若干環保企業專門提供友善環境的商品與服務。重視環保的公司不僅在乎其商業活動的生態足跡（environmental footprint），也在乎其生產的產品與提供的服務會造成什麼影響。有些公司能精確告訴你，它們的產品隱含了（embedded）多少能源、碳排放、水等等。它們曉得嚴格的綠產品若以（例如）有環保問題的包裝來銷售，可不會有什麼好處。

　　關注的焦點因此變成透明度。假如一間公司主打環保認證，那這間公司是否能提供關於其供應鏈、足以支持自家主張的可靠資訊給你？此外，這間公司的環保作法是否有堅實的倫理基礎，抑或只是片刻的行銷花招而已？唯有全面檢視這間公司，關照各種影響，才有辦法回答這個問題。

　　此時要思考的關鍵是：根據一間公司的生態特性決定是否為之工作、投資或購買其產品，就跟因為你喜歡這間公司的商標而這麼做是一樣合理。至於談到自由市場的運作，倫理考量也是合理的標準，雖然這會讓某些喜歡根據比較傳統的標準——例如價格——進行競爭的人感到不悅。倫理關乎於商品與服務的價值，而非價格。

問題
THE QUESTIONS

　　我們該怎麼選擇對環保盡責的公司，與其交易？

明確來說：

◆ 這間公司能否為其環保主張提供透明而可靠的證據？

◆ 這間公司對環境及其影響是否採取全面而整合的態度？

◆ 前述證據是否有獨立專業人士的背書？

◆ 這間公司的報告是否以國際接受的標準，例如全球報告倡議組織（Global Reporting Initiative）制定的標準為基礎？

◆ 這間公司能否解釋其環保製程與你可能得承擔的任何額外代價之間有什麼關係？也就是說，你有把握這間公司不是因為假道學而抬高售價嗎？

◆ 你是否能觀察到整間公司上下有某種堅實的倫理根據在發揮影響力？

購買在地產品
BUYING LOCAL PRODUCTS

有許多理由讓我們優先考量在地商品與服務提供者，例如保有在地工作機會以支持你所在的社群；對產品生產時使用的標準有信心；藉由減少運輸過程的能量消耗來降低環境衝擊；以及得到比較新鮮的產品。另一方面，購買在地貨也可能比較貴，一部分是因為較高工資與較嚴格規範等因素造成額外成本。

看得更廣些，以當地生產為優先也可能對世界上最窮困的一些人不利；這些遙遠地方的生產者是透過辛勤工作、打入開放市場來走出貧困的。你偏好國產，但他們恐怕最是無法承擔這種成

本。的確，整個全球貿易體系所根據的觀念是：只要我們願意開放市場，讓貨物與服務流通其中，根據其品質決定價值、不受偏好影響的話，所有人都能欣欣向榮。

問題
THE QUESTIONS

購買本地生產、提供的商品與服務——尤其是食物——有些顯而易見的好處。但我們支持本地供應者的作法，是否無可避免傷害了竭盡全力讓自己脫離貧窮的人，讓他們失去更多？

明確來說：

◆ 你的選擇會對你從未見過或聽聞過的人造成衝擊，而你是否注意到這點？

◆ 你選擇「在地購買」，這是否成就了你期待的優點？或者你只是受巧妙的行銷所擺布？你要如何找到答案？

◆「在地購買」的利益是否能通過整條供應鏈——比方說，直通農場大門？或者有中間商從你的選擇中得利，反而限制了你的決定所具有的倫理益處？

購買有機產品
BUYING ORGANIC PRODUCTS

　　對於許多想取得有機產品的人來說，他們的選擇純粹是出於人體健康、產品風味、保存物種多樣性的需求，甚或是期盼維持傳統農作慣習等相關信念的個人偏好。然而對某些人來說，這種選擇卻來自倫理關懷。他們的關懷可能關乎於對使用殺蟲劑、除草劑或是對基因改造生物的憂慮，抑或是涉及保護、擴大生態體系、環境保護等哲學立場。

　　對有機產品抱持懷疑態度的人通常有兩點不滿。首先（相對瑣碎的一點），對於什麼才算「有機」，目前似乎有種種標準，而且不見得可靠。制定標準的過程若合宜，就能解決這個問題。比較難解決的不滿則是因為有機農業技術可能對其他不打算選擇這種生活方式的人帶來負擔——例如無法消滅病蟲害，或是過度用水（比方說，基改作物需水較少，拒絕種植基改作物耗水就會更多）。

問題
THE QUESTIONS

　　我要如何找到可靠且達到可接受標準的有機農產品？
　　明確來說：

◆ 你購買的東西是否符合可靠的有機認證標準？
◆ 生產者是否有方法能監控、改正任何生產過程中無意間對

他人造成的可能影響？

◆ 你的購買活動真的能帶來改變嗎？抑或只是裝模作樣？

◆ 本來透過購買有機產品所成就的善，是否會因為你其他的
舉動而抵銷──就像離開健身房之後又吃了兩個甜甜圈那
樣？

◆ 你真的知道自己買的東西是否是有機產品嗎？有些生產者
遵守有機原則，但沒有大書特書。他們只是想製作更好的
產品。

欺騙
CHEATING

我和一小群準備考期末考的學生在雪梨的馬丁廣場坐坐。我
問他們，假設考卷有複本洩漏，他們會不會加以利用。他們不假
思索就說會。我一問原因，他們馬上就說：「這個社會不就這樣
教我們嗎？要你不擇手段！」怪就怪在同樣幾位學生剛剛才告訴
我，他們有多麼欽佩澳洲前考驗賽板球員亞當·吉爾克里斯特
（Adam Gilchrist）──吉爾克里斯特在板球世界盃半決賽時，在
裁判判決他並未出局的情況下決定棄守自己的三柱門，主動離
場。

我後來在不同地點遇到其他學生。這些學生抄襲別人的作
品，結果被抓到。抄襲是學術圈內所能犯下最糟糕的事情之一，
但這些學生並不曉得自己做錯了事。他們所屬的文化，反而把抄
襲老師的言談當成某種最受推崇的表現。

　　對許多人來說，利用洩漏的考題或是抄別人的作業是種欺騙。本質上，欺騙必然包括不誠實（尤其是透過欺瞞勝過別人時），因為騙子假裝自己照規則走，但實則不然。

　　一問起欺騙，有些人便會主張誠實是種無用功──「人人都在騙，你誠實只是傷害自己。」當然，不是人人都在騙，但我們懂意思。事實上，這種認為別人都不誠實的看法，會創造某種「惡性循環」，侵蝕對於「正直」價值的信心。正是從這一刻起，人們開始重新定義何謂欺騙，這就可能包括忽視條文精神，反而從文字下手的作法──鑽規則的漏洞，讓原本希望避免的行為在技術上獲得允許。

　　採取這種作法可以讓人發大財。當學生們提到這個社會教他們終生受用的一課時，心裡想的或許就是這個：不擇手段。

問題
THE QUESTIONS

　　假如欺騙嚴格來說並未違背法律文字的話，那算欺騙嗎？假如其他人已經透過蔑視規則的方式獲得好處時，欺騙就變得可以允許嗎？欺騙是否是大家心照不宣的作法，還是說我們必須考慮到文化差異？

　　明確來說：

◆ 當你試著決定要不要欺騙時，你所遵循的規則是什麼？
◆ 假如你有意而為的不誠實被大家知道了，你會不會覺得丟臉？

◆ 憑藉謊言的效果而成功，你心安理得嗎？

◆ 虛假的成就是否會危及他人？想像你的外科醫生念大學時作弊？

◆ 假如他人的不誠實會讓你的成就岌岌可危呢？如果你知道別人不誠實，那麼你最好的（或唯一的）策略是否真的是模仿他們的行為呢？

◆ 有什麼手段是你可以採用，能讓你取得成功，又不會自我妥協？

小孩子與管教
CHILDREN AND DISCIPLINE

我父親跟我說，以前他回家時，有時候會覺得我怎麼生了癬。事情是這樣的，我母親偶爾會拿木頭湯匙打我，而我腿上那一圈圈洩漏秘密的紅圈，就是湯匙的圓邊弄出來的。相較於後來其他人的處罰，這還算相當輕。我在家「被拖鞋打」，在學校挨皮帶抽、棍子打，還有一回讓牛在錯的時間跑出去，結果被親戚拿手上的烙鐵燙。就我所知，受體罰從來沒在我的生命中留下疤痕，身心皆然。

但我從沒打過我的孩子。不是因為他們乖得不尋常，才怪。他們各個都是頑抗的搗蛋鬼，但通常他們就只是做小孩子——挑戰界線啊諸如此類。儘管如此，我有一回還是忍不住對我兒子大發脾氣，衝他吼：「別像個小孩！」「但我**就是**小孩啊！」他回嘴。這話讓我完全沒了脾氣。

　　我太太跟我選擇不打小孩，但這不是施行某個我們討論過、有共識的政策所造成的結果，純粹是其他方法似乎奏效。比方說，我們有時候會把不乖的孩子留在他們自己的房間，把門關上，但沒有鎖上。我們還有別的作法，例如沒收心愛的玩具，不給他們。

　　儘管大量證據顯示打小孩會有反效果，但法律（全澳洲皆然）仍允許父母用有節制的力量打小孩。理想情況下，打不是為了讓孩子怕父母，而是讓孩子了解做錯事會造成不舒服的結果。贊成打小孩的人主張打小孩最大的優點之一，就是犯行與懲罰直接相關，打完之後就可以繼續過日子，不像沒收與禁足等長時間的懲罰所帶來的那種揮之不去的恨意。反對打小孩的主要論點則是：打小孩會讓暴力成為做錯事情得到的搭配回應。研究則支持「打小孩會帶來錯誤教訓」的觀點。[11]

　　無論你對於特定懲罰的優缺點有什麼看法，都應該採用幾條大原則。第一，懲罰應該跟犯錯的程度成比例。第二，過程必須公平，類似的情況有類似的回應。第三，假如要讓孩子心智維持健全發展，就需要有界限；要是沒有規則也沒有後果，你可不是在幫他們。第四，使用任何力量都必須有節制，而且要適合當下的情況；絕對不能在氣頭上處罰。最後，要耐心教導你的孩子了解你訂規則的根據，以及這些規則為何合理，這樣對他們有一輩子的好處；最重要的一點是，你的孩子將能接受好的、合理的規

---

[11] Australian Institute of Family Studies (2017), 'Publications', https://aifs.gov.au/cfca/publications/corporal-punishment-key-issues.

則，同時能挑戰以強迫方式實施的無理規則。

問題
THE QUESTIONS

你有沒有考慮過：你制定規則、實施處罰的方式，將形塑孩子如何看待正義與暴力之間的關係？

明確來說：

◆ 你是否有讓自己跟上與體罰孩子的功效相關的最新研究？
◆ 你確定自己在家實施的規矩不僅公平，你的孩子也能理解嗎？
◆ 根據你孩子的情況──年齡、性別、過往經驗等等，你的處罰恰當嗎？以不同方式、不同程度懲罰男孩跟女孩，是否公平？
◆ 決定出手懲罰時，你是否冷靜節制？
◆ 你是否根據成長過程中的時間與地點，為你的孩子制定適合的界線？太多家長試圖複製自己小時候的情況，但世界已經不一樣了。
◆ 你是否尊重你孩子的尊嚴？

小孩子與科技
CHILDREN AND TECHNOLOGY

每當面臨新科技，人類都有一種在恐懼與熱情間劇烈擺盪的

傾向，當孩子暴露在這些強大的改變力量下時就更是如此。原因不難理解。一般人認為孩子生活經驗有限，人格僅部分成形，大人因此擔心暴露在不好的影響下，恐怕會為孩子的發展留下永久的傷痕。

前車之鑑俯拾皆是。印刷術發明後廣為流傳的書籍就讓人警惕。當時的人尤其擔心小孩子會暴露在危險的想法之下，在工作等有實際意義的活動中分心，面臨連大人都得提防的技術所威脅。這是擔心過了頭，但有一部分擔憂保留在「書呆子」的印象中——以讀書為樂的孩子恐怕會逃開運動比賽與其他形式的身體發展，他們可能會整天待在自己房間，把「頭埋進書裡」，不在乎別人、也不在乎跟自己有關的外界。

感覺不陌生吧？你只消把「書」這個字給刪掉，再填上「iPad」，現代拼圖就完成了。

或許人們當年對小書呆子的擔心是對的，或許我們今天對「iPad呆子」也該一樣擔心。一般而言，我們都認為孩子若是能在身體、心理、社交、信仰與智識方面的經驗都有廣泛接觸，對他們的發展才最好。不過，主張均衡發展可是跟主張只有其中一種輸入（電子的那種）具有危險本質是不一樣的。

或許「究竟給孩子接觸什麼才是好的」——無論其平台形式——才是比較好的問題。回來談書，有些書顯然不適合孩子。比方說，色情小說就是一種極端，但其他著作恐怕對特定年齡的孩子也不見得合適。假如你要認真考慮這種論點的話，就必須著眼於脈絡。比方說，有些童話非常暴力，但故事的幻想背景卻讓孩子能得到教訓，卻不至於受到多少傷害。某些宗教文獻，甚至是

荷馬史詩《伊利亞德》（*Iliad*）與《奧德賽》（*Odyssey*）裡面的故事也有一樣的情形。簡言之，相對於孩子的經驗，當故事顯然愈接近孩子體驗到的「真實世界」時，對他們的危險也會成比例放大。

線上遊戲與類似的娛樂也可以用同樣的方式來評估。它們是否適合特定年齡層，得端視其脈絡，以及「接觸電子相關事物如何影響對待真實生活處境的態度」的最新研究證據而定。

別忘了，一旦虛擬實境（一種試圖模糊，最終消弭模擬〔電子〕與真實〔類比〕之間區隔的科技）的可得性提升，審慎評估的必要性也會隨之增加。讀書的孩子還可以靠減少想像來保護自己，但體驗虛擬實境的孩子則是完全暴露其中。高度真實的虛擬實境不同於電視或電影（這兩者當中的故事講述，跟孩子的世界實際發生的事情明顯有別），使用者減少想像以調整其體驗的能力，會遭到開發者的程式決定所凌駕。這是決定性的差異。

問題
THE QUESTIONS

孩子的雙親如何確保他們接觸的是健康的電子媒體，且有助於其整體福祉？

明確來說：

◆ 你的孩子天賦如何？感受力如何？
◆ 你是否以電子裝置充當某種數位保母，讓你的孩子無暇他顧、安靜不吵，好讓你從持續的投入中釋放？

◆ 必要時，你是否有能力監看、控制你的孩子所能接觸的數
位內容？

◆ 你是否確定你的孩子能接觸的內容適合他的年齡？

◆ 你是否考慮過虛擬實境可能的影響？

◆ 你是否試圖確保你的孩子在生活中，以一種平衡身體、心
理、社交、信仰與智識方面的方式發展？

選擇學校
CHOOSING SCHOOLS

　　教育是個人與社會福祉的關鍵。傳統社會中的教育經常是強
制、終身的義務，不僅跟生存、也跟地位綁在一起。至於在現代
社會，教育的形式已經變了——再也不是仰賴社群或氏族團體，
而是由專業教師，在「學校」這種正式機構環境下提供。儘管有
這麼多的差異，但一個人所受的教育品質仍然對其生活中的機會
有重大影響。這倒不是說教育能決定一切：有些人受過的正式教
育不多，卻過著快樂、充實而不同的生活。即便如此，幫孩子選
學校仍然是個相當重要的決定，值得嚴肅考慮。

　　有些人的選擇相對較少，或許是因為他們經濟能力有限，抑
或是他們身處的宗教團體限制了他們的選擇，然而，一旦確有選
擇，我們就應該考慮下列幾個因素：

◆ 你的孩子是否有特殊的能力或需求，應當得到認可或照
顧？假若如此，學校要如何向你保證有足夠的資源與技

巧？比方說，要是你的孩子需要取得特殊設備或接觸特殊
老師呢？

◆ 你的孩子是否有必要念特殊學校，讓他們以一種與其社群
相關聯的道地方式彼此社交？（上述社群可以由宗教、語
言或某種其他特性來界定。）一思及此，你可能會考慮這
些必要的知識、技術與認知或許可以由就讀特殊學校或私
立學校之外的方式獲得。例如，學生常常會在週間晚上或
週末就讀特別班，以學習父母的語言，或是（比方說）特
殊宗教教育，至於平常則就讀普通學校。

◆ 無論你的孩子、家人或社群有哪些特殊情況，在民主社會
中，共同的教育經驗皆有助於凝聚所有公民——這種想法
具備起碼的吸引力。公立教育的重要承諾就在此一舉——
成為一股團結的力量，否則社會將化為一盤散沙。

◆ 學校間差異甚巨，而且不只是在學校的發展重點與校風
上。這些差異不僅影響學生，也影響其父母。有些學校鼓
勵雙親的參與；其他學校則要求父母保持距離。此外還有
地點問題：有些學校離家人和朋友近，就讀其他學校則得
耗費可觀的時間與心力。

　　到頭來，最重要的考量還是關乎什麼樣的教育對孩子最好
——我們不該把孩子視為孤立的個體，而是要擺在其家庭與社群
的脈絡中來看。

問題
THE QUESTIONS

為你的孩子選擇學校時，你如何平衡孩子與家庭、社會的利益？

明確來說：

◆ 你是否已徹底考慮過共同教育經驗對社會帶來的集體優點？

◆ 你的孩子（或家人）的需求是否確實與大多數人不同，需要特殊教育？

◆ 教育方面的自由選擇，是否是種與他人利益無涉的基本權利？

◆ 你孩子的利益在你的考量中有什麼樣的地位？

◆ 你是否已考慮過學校地點與親朋好友是否接近？

◆ 通勤需求（包括課外活動在內）是否合理？

◆ 你的孩子是將以獨立個體的身分受到承認與照顧，或者他或她只不過是「一個蘿蔔一個坑」？

◆ 學校是否鼓勵、支持你以家長身分參與？

◆ 學校是否以平等對待學生樹立聲譽，而不是只照顧「資優生」？

◆ 學校是否支持成員與成績方面的多樣性？

同事與忠誠
CO-WORKERS AND LOYALTY

　　就定義而言，「組織」是個群策群力的地方。儘管有些人或許會扮演特殊角色，獲得相應的特殊報酬，但一般還是期待每個人都會增進組織的利益而進行合理的貢獻。假如有人或小團體未盡該盡的本分，那可就不像話了。情況甚至可能更嚴重。比方說，有些雇員「不如預期」，跟自己組織的利益對著幹。他們或者偷竊，或者洩漏重要的商業活動，甚或破壞經營；而這一切都是暗中為之。結果恰巧有位同事意識到發生了什麼：那，接著該怎麼做？

　　以前在澳洲，大家絕不會「打人家的小報告」。這個「人家」的定義很廣，可以代入任何不在權位上的人。這種情況很有可能來自第一代白人殖民者「囚犯對獄卒」的社會結構。囚犯假如被人發現再犯，將面臨嚴厲懲罰，因此眾人發展出一種非正式的集體一致作法，保護獄中的個人與集體不挨鞭子或上絞架，也是情理之內。然而，理性考量也會遭到腐化，一開始不打小報告的合理根據，也扭曲為純粹的「反正別洩密」態度。

　　跟打小報告相關的習俗則跟忠誠的美德有關。「忠誠」需要有個值得效忠的對象——某個能合理要求我們效忠的人。這種要求或許是以血緣關係、公民身分，或是某種共同紐帶為根據。傳統上，就連君主都有可能失去這種忠誠紐帶，原因多半跟壓迫人民有關。然而整體來說，「忠誠」並不掌握在傷害你個人或利益的人身上。

人們多半會同意，他們無須對從自己這兒偷雞的人盡忠。工作場所的工賊不見得直接從同事身上偷，但只要沒人發現，他們就會影響自己的同事，當然也會影響自己效力的組織。從工作場所偷竊的人，以及對集體利益有損的人，都不值得同事為之盡忠。

重點是，我們對同事沒有無條件盡忠的義務，只是在我們注意到有人犯錯時，知道這一點也不會讓我們比較好過。比方說，你或許會質疑你的組織可能的回應方式是否正當。你或許知道犯錯的這個人感到自責，或是不得不這麼做。你或許會想，任何可能的懲罰是否會對他們的人生帶來不成比例的負面影響。你說不定還會擔心自己的利益，不希望被迫捲進某個不堪的處境，遭受前所未料的影響。

想到這麼多，可能就讓人想算了。但視而不見等於串通做錯事。一個選擇（很難的選擇）是直接面對你懷疑做錯事的人。他們可能會提供附加資訊解釋自己的行為；例如，沒有盡心盡力的人可能會透露自己不久前確診得到……比方說，某種會讓人衰弱的疾病。一切都說得通了。

另一方面，若直接找人對質，觀察對方反應的話，也可能證實你的懷疑。相較於什麼都不做，你或許會給他們機會自首、表達悔意，並設法彌補虧空。多數時候，主動坦承犯行並提議歸還，通常會得到接納。說不定，你的介入成了此君一直在等的「警鐘」。受到懲戒後，他們或許會採用一套完全不同的工作方式。

最後，你也可能傾向於打小報告——試圖在相關的舉報政策

下尋求保障。假如你懷疑做錯事的人職位比較高，這一步可說是特別重要。上報之後，你的責任也了了。接著就是管理層要負責調查，確保公平對待受指控的人，同時保障組織與股東的利益。

問題
THE QUESTIONS

在什麼樣的情況下，舉報同事的不佳表現或可疑犯行會是合理的處置？

明確來說：

◆ 你對自己的證據是否有相當把握？

◆ 對於你認為是做壞事的舉動，你是否考慮過其他可能的解釋？

◆ 警告對方你在注意或你有懷疑，這是否安全或合宜？還是說，情況已經嚴重到需要立即向當局舉發──尤其是有人身安全風險時？

◆ 受到懷疑的違紀者是否值得你為之盡忠，抑或他們在利用這種美德圖謀自己的利益？

◆ 你的雇主是否可靠，能否對你可能舉報的事情有公正、合乎比例的回應？

◆ 你是否超出自己的職權？有沒有其他注意到情況的人，比你更有立場採取行動？

◆ 你是否考慮過採取行動的潛在影響？

哭泣
CRYING

　　我母親去世之後，有許多年時間我都哭不出來——不只是公開場合，連私下都無法。我們失去家人時，我才七歲，然而身為長子，我深信我必須為了我的手足們「堅強」起來。沒有人說我該這樣做。說不定我是因為家裡處境而潛移默化，又或者是從普遍文化中吸收了「男兒有淚不輕彈」的想法。無論如何，悲痛「埋藏心底」，眼淚也從沒掉出來。

　　我猜想，許多我這個年紀的男人（年輕點的或許也是）已經內化了同一種看法——男人不該公然表現悲痛，「哭的都是女人」。這種信念對兩性都不好。說起來，我們悲痛的方式，似乎與文化的關係要比跟生物構造的關係更深。因此，我們人類才有能力選擇以什麼樣的形式表達悲傷。比方說，有些文化有行之有年的儀式來表現悲傷，這些儀式決定了社群成員應當如何行事表現。有些案例中，悲痛可能一目了然（甚至是外顯），包括號哭、自殘和跪拜。其他文化則支持用比較節制、私密的方式表達悲傷。

　　當然，哭泣不見得都跟悲傷有關。我們可以用眼淚回應痛苦、歡樂、沮喪，甚至是對他人的同情——像是電影看到哭。此外，哭的脈絡跟原因也很重要。比方說，我從來沒聽過有誰會因為笑到流淚而感到尷尬。

　　這讓我想到，禁止哭的禁忌都存在於視眼淚為力量或虛弱象徵的情況中——這或許跟自制能力有進一步的關係。

問題
THE QUESTIONS

有沒有自制恐怕不合適的時候？比方說，在什麼樣的場合，我們應該讓人家看到我們與他們同悲，或是我們應該一起體會（例如）脆弱？

明確來說：

◆ 我們是否考量過情緒表現出來的文化脈絡？

◆ 我們是否受到性別刻板印象的影響？假如是，那要不要挑戰這種刻板印象？

◆ 我們應該要注意悲痛的方式，以免困擾或惹惱別人嗎？還是說，他們應該調整自己，配合我們困難時期的需求呢？

危險動物
DANGEROUS CREATURES

人類與其他生物一同分享這個世界，種類之多教人讚嘆不已。許多動物是無害的同伴，或許進入我們的生活，或許在幾乎不受注意的情況下經過。然而還是有些生物會帶來危險——就連最最不期而遇的情況，都有致命的危險。

人類發展出許多方法來應對風險，其中泰半是捕捉、致殘或殺害帶來威脅的生物。以澳洲為例，若干州政府在一些民眾遭到鯊魚咬傷（有些甚至傷重死亡）之後，重新架設了防鯊網。架網

是打算把鯊魚跟人隔開，但海洋動物（包括鯊魚）得在地球海洋中自由來去才能生存，此舉因此常常導致這些動物死亡。其他干預方式還有用毒殺蜘蛛，捕捉、重新安置致命的毒蛇、鱷魚與其他動物。

除了小說作品之外，鯊魚、蜘蛛、鱷魚等生物都不是為了傷害人類而存在的。反而是我們闖進牠們的世界時，牠們會隨機遇而反應——或許出於恐懼，或許出於本能——盼望我們能證明自己是「美味佳餚」。問題在於我們試圖保住人命時，恐怕會因為其他動物僅根據其本性行動而懲罰牠們。

人類通常能選擇要不要進入其他動物的生存環境。除非意外，否則我們不會非得到其他頂層掠食者（例如鱷魚）的領域去挑戰牠們。我們也應該了解，人類與其他動物之間的分野在某些文化中並不明確——人類跟其他生命型態有著親屬關係，包括確實具有危險性的動物。

問題
THE QUESTIONS

既然人類是有選擇能力的生物，那為何要讓其他動物因為我們的休閒安全（比方說，這樣我們才能整天待在海邊）而付出最終的代價？重視人命難道就能言之成理地去輕視其他生命——例如當牠們威脅我們，或造成我們不便時，就可以把牠們殺掉嗎？

明確來說：

- 人類是否應該負起避免與危險動物接觸的主要責任，特別是避免進入牠們生活的自然環境？
- 我們是否應該確保以對其他動物造成傷害最小的手段來保護人命——例如將蜘蛛捕捉後釋放，而非壓扁牠們？
- 倘若自然界根據「適者生存」的原則運作，其他動物是不是不該擋路，或者得接受結果？

難搞的親戚
DIFFICULT RELATIVES

　　每年我都會聽到大家慌慌張張為了家族聚會——通常跟宗教或文化節慶有關——做準備的故事。故事都有共通的模式——討厭的親戚；管太寬，老想教訓別家小孩的那種親戚；去翻舊帳把氣氛搞壞的親戚——其餘所有人都已經放下，只有他們把這當成自己的認同感來源。家人間的宿怨與緊張可能會因為酒而死灰復燃，連最清醒的人在家人齊聚一堂的這種溫室中都會自燃。有時候，一時一地要消化的壓力不可謂不大。一丁點火星都能化為火球，少說會把幾個原本享受熱愛的節慶大餐的人給燒得面目全非。不過，有「難搞」親戚的人多半只是咬緊牙關，微笑、擁抱，希望一切順利。

　　當然，也有某些家庭把親戚當成可人兒，彼此相處融洽，毫不費力。他們恐怕是幸運的少數，畢竟俗話說，我們無法選擇跟誰是親戚（或他們的配偶與小孩），只能選擇朋友。

　　所以，要是有個親戚行為很討人厭，我們該怎麼辦？我們應該為了血緣或一家人的和諧而容忍他們，還是要叫他們負起責任？

問題
THE QUESTIONS

　　家族——無論如何組成——都是所有社會最基本的團體。但是，有些家族成員卻是你在自由的情況下絕不會選擇與之交往的。我們要如何應對難搞的親戚，同時又能忠於自己的價值與原則？

　　明確來說：

◆ 你與你最親近的家人是否從身為整個大家庭的一部分而獲得好處？

◆ 你親戚的行為就只是煩人，還是説確實違反你的核心價值與原則？

◆ 是否有可能在不至於造成什麼場面的情況下處理好你親戚的行為？比方説，能不能找家族中懂得防範或限制潛在傷害的「和事佬」陪著這個人？

◆ 你的親戚是否有意識到他或她對其他人的影響？

◆ 你親戚的行為是否傷害到其他無法保護自己的人？

◆ 干預是否徒勞無功？這人是否沒有能力或不願意改變？

◆ 假如此君是一位血親的配偶，要是你要求這對伴侶中的其中一人有點分寸，是否會冒犯到這位血親？

丟棄多餘電器
DISPOSING OF SURPLUS GADGETS

不久前，我們這邊的地方政府收的家庭垃圾中還包括廢棄電子產品（諸如舊手機和電腦），但現在不收了。所以我們的舊設備小山開始愈堆愈高。先前有段時間我還會把這些垃圾帶去回收點，但現在就堆在那邊積灰塵。明明把太舊或壞掉的手機偷偷丟進廚餘，讓東西都進掩埋場還比較輕鬆，畢竟沒人會在一大堆垃圾裡注意到區區一支舊手機，我也能免去那些小麻煩，但我沒這麼做。

問題
THE QUESTIONS

假如選擇自私的選項還比較輕鬆，被發現的風險那麼低，那我們何必以負責任的態度做事？

既然舊手機還有相當價值——黃金、稀土、隱含能源等可以回收再利用——我們是否有義務不要浪費這些資源？此君的垃圾是彼君的契機。

明確來說：

◆ 地球資源有限：少消耗一點不是比較好嗎？
◆ 總有人得為失去的機會或原可避免的汙染付出代價。要是最後承擔的人是你的孩子呢？
◆ 做回收真是這麼難負起的責任嗎？

◆ 有沒有共同承擔責任的方法——比方說，你和你們鄰居或
　許可以規畫一個社區或街道回收處？

胚胎基因檢測
DNA TESTING OF EMBRYOS

　　有人生來苗條有如運動員，目光明確，健步如飛。但也有像
我這種人！

　　這世界樂趣之所在，泰半便來自於其豐富多樣，來自於人類
無數種的體型、體態、天賦與個性。多樣性的價值更是因為堪稱
最重要的倫理原則——所謂的「對人的尊重」而進一步提升。這
條原則承認每一個人無論其性別、年齡、性傾向、生理或心理能
力，都有其根本的尊嚴。縱使某人犯下最嚴重的罪行，也應當賦
予這等程度的根本尊嚴。

　　我們說這種尊嚴是「內在」的，意思是這種給人的尊嚴是掙
不來也丟不得的。光是你是你自己，你身為人，有能力承擔各種
權利與責任，你就有資格擁有內在尊嚴。只要以某種特定的型態
——以人的身分存在，無論其稟賦（也許不完美），人類都享有
這種地位。這正是為什麼各個社會逐漸體認到能力各異的人——
無論這些差異是因為出生時的意外、受傷或疾病所導致——都有
其本然價值。

　　然而，我們也知道有些人生來就處於必然得受苦的處境，原
因不是他們自己犯了錯，而是因為擲基因骰子的不幸結果。這些
人值得受到尊重與照顧。但是，科學的進步意味著我們如今能測

試、分析胚胎，判斷其基因健康程度，從而可能選擇胚胎，選出最終能成長為人、且無須因無法避免的處境而受苦的胚胎。

接下來的問題就是，「我們應該進行這些篩選實驗嗎？」我們該不該為了「家庭成員均衡」而選擇胚胎，選個女性加入子代原本全為男孩的家庭？我們該不該讓聽障伴侶選擇讓孩子生來就聽不見，好讓他或她能在父母的文化中成長？我們該不該選出某個胚胎，讓這孩子適合為已經有疾在身的手足捐出器官？還有，假如我們真能做這種選擇，會不會導致社會不再尊重多樣性，所有擁有財力的家長都試著篩選出「完美」的孩子？我們該做到什麼地步？

其中有些問題回答起來相對輕鬆。比方說，「尊重他人」的原則絕不允許我們創造或利用某個人，只為了把此人作為通往目的的手段。絕不能把人僅僅當成工具。這正是為什麼「奴役」之所以可憎，也正是為什麼只為滿足雙親的需要而選中某個孩子，把孩子當成組織銀行（tissue bank）來挽救其手足生命的作法是錯誤之舉。

不過，我們可以對這些希望避免孩子因為不可免的疾病所苦的父母多一點同理心。難處在於釐清究竟「受苦」與「疾病」指的是什麼。比方說，自閉是種疾病嗎？假如是，這世界恐怕再也無法認識某些最偉大的天才了。視力不好是種疾病嗎？要是多了個視力更好的人，但少了我的特殊經歷，這世界會變得更好嗎？唐氏症與腦性麻痺呢？想想看，假如這樣的話，有些令人讚嘆的人恐怕永不會出世。

最後則是如何處理廢棄胚胎的問題。先前在〈墮胎〉的條目

中提到過，有人從最初的發育階段，便賦予其人的地位。我認為這是錯的。處於發展初期的受精卵或有機會化為有生命的人，但在某個時期之前，是不能把某種身分加諸於這顆受精卵的。因此，假如是在著床之前，或是（比方說）受孕未滿十四天時就做決定，我並不認為拋棄不想要的胚胎會有什麼難以承受的問題。大自然一直都在這麼做。

問題
THE QUESTIONS

此時主要問題的關注點在於：運用DNA測試選擇胚胎的合理依據為何——畢竟你的決定可能會成為根據父母意願選擇胚胎的先例，從而影響社會對待其他人的態度，但對可能出世的孩子來說，你的選擇卻跟孩子個人的福祉無涉。

明確來說：

◆ 你是因為某種真正的疾病——不只造成不便，還會帶來實質苦痛——而進行篩選嗎？

◆ 尚未出世的孩子是否是你做選擇時首要的受益者？也就是說，你的決定是不是為了你的孩子，而不是為你自己或其他人的緣故？

◆ 假如沒有人以你希望避免的情況下出生，世界就真的會變得更好嗎？

◆ 假如有人一出生就帶有你希望避免的情況，你要如何幫忙應對這些人可能多少會認為自己沒價值的風險？

金科玉律

己所不欲，勿施於人。

服儀規定
DRESS CODES

　　不久前，一位妙齡女子告訴我，她的雇主規定高跟鞋鞋跟至少要有四公分——只有女性員工要穿。我想，高鞋跟穿起來一定很不舒服。此外，我從沒聽過有人主張高跟鞋能提升工作表現。到底想怎樣？

　　歷史上，時尚在若干時代確實事關重大。比方說，在所謂的禁奢法之下（意在控制過度的開銷），有些類型的服飾是特定階級的人不得穿著的，這在過去的東西方世界都很常見。假如你用錯釦子的種類，恐怕就會惹上麻煩。也有一些時代嚴格規定男人、女人與小孩該怎麼穿。在古羅馬，只有達到參政年齡的男人才能穿上寬外袍（toga）。不久前，西方社會的女子多半穿裙子與洋裝，男子則穿短褲或長褲。

　　禁奢法已經走入歷史，除了因為安全或尊重宗教、文化或官方規定以外的原因，西方社會對於男女應如何穿著已不再有任何嚴格守則了。坎培拉的新國會大廈開幕後不久，我就去了一趟。新國會明文規定最起碼的服儀規定為「T恤和夾腳拖」——放鬆的民族用放鬆的規定。服儀規定如今看來主要是品味問題，根據

個人所認為的「得體」而異。

因此，假如明確規定非得穿西裝打領帶才能進場，或是女人不能穿長褲，抑或是必須穿高跟鞋，這樣感覺實在很奇怪。是傳統在作祟嗎？是為了表現尊重嗎？難道有個男的沒打領帶，或是有個女的穿平底鞋，就男不男女不女嗎？要求衣著整潔不就夠了？

最後，還有一些服儀規定意在撩撥、運用性吸引力。這些規定可以隱而不顯，也可以誇張露骨。有些人樂得根據這種特定的風格來穿，但其他人則會覺得不舒服、容易遭受攻擊──要是他們不認為自己體態理想或正常就更是如此。

問題
THE QUESTIONS

我們穿衣服該以舒服、彰顯自我個人風格為務嗎？還是說，我們應該有所調整，以滿足他人的要求或期待？

明確來說：

◆ 要求你調整衣著選擇的是否是合理的原因（例如安全因素）？

◆ 別人是否尊重你？你是否尊重別人？

◆ 他人的期待是否合理？抑或只是偏見？

◆ 穿上這些衣服時，你感覺舒服嗎──身體上、社交上與情感上皆然？

雇主與雇員
EMPLOYERS AND EMPLOYEES

公司行號有些責任是彼此競爭的——例如對業主、投資人、顧客、供應商、整個社會等等的責任。整體上，這些職責是由雇員執行的。假如雇主是法人團體（corporation）就更是如此。法人團體只是法律擬制（legal fictions），意思是它們不是「有形的」，而它們的目標唯有透過真人的勞動才能實現。

業主與投資人讓公司有財務資源可以運用。綜觀歷史，除非雇員貢獻自己的勞力、心力與技術來混合這些財務資源，增添「轉換價值」（transformative value），否則這些資源只是一無是處。

儘管日漸使用機器人與專家系統（expert systems）或許會讓雇主比較不依賴人類雇員，但眼下（僅僅）對開明自利（enlightened self-interest）的追求，仍意味著雇主應高度重視雇員的福利。

理應提供給雇員的基本「承諾」中，最重要的有以下幾點：

- 公平的薪資
- 安全健康的工作環境
- 可資使用的最好工具
- 賞識並獎勵優秀的工作表現
- 公平待遇
- 明確揭示組織的目的、價值與原則

◆ 從事有意義勞動的機會

但難就難在除了最起碼的承諾之外，雇員的需求卻是因人而異。比方說，有些雇員需要在明確的界線內工作，有些卻需要創新的自由；有些雇員需要有工時範圍，有些卻希望根據優先順序的變化而增加或減少自己的工時；有些雇員希望獨立作業，有些卻希望別人參與他們的每一個決定。

如何因應這種多樣性？雇主與雇員都有責任。每個雇員都有責任去找一份最適合自己個人風格與性情的工作。每個雇主都需要有一定程度的彈性，但他們也有權建立最適合公司目的、價值與原則的文化。他們還必須提供先前列出的那些基本承諾，但除此之外，雇員也得自由判斷自己是否適合這個組織。假如不適合，他們通常也能選擇去尋找更適合自己志向的地方。

當然，這一切也因為科技創新而有了改變。假如雇員希望保住工作，他們的選擇恐怕愈來愈少。事實上，整個社會所面臨最為迫切的挑戰，就涉及如何因應公民就業方面的變局。

問題
THE QUESTIONS

以目前來說，雇員對於一間公司的成功來說仍至關重要。那麼，業主主要的義務是什麼？一旦達成基本義務之後，雇員與雇主又要如何分配責任呢？

明確來說：

◆ 上述的基本「承諾」是否確實提供？

◆ 假如組織文化不適合雇員個人的性情，他們是否真有尋找
　其他就業機會的自由？

◆ 雇員是否有立場自由表達自己的顧慮、期望等等？

◆ 挑選潛在雇員或選擇工作地點時，你是否評估過潛在的文
　化適切程度──亦即目的、價值與原則上的協調？

符合倫理的購買行為
ETHICAL PURCHASING

　　我們每一次的購買決定，皆有助於形塑市場，進而影響世界
的若干方面。我們的決定可以完全以價格、實用性與地位等因素
為基礎，或者我們也可以採用更廣泛的一套標準。從市場的角度
看，因為某樣東西是紅色的而選擇購買，並不比因為這樣東西能
幫助減少全球貧困問題而購買來得更理性。也就是說，市場與道
德無涉，不在乎倫理、理性或任何內在價值觀念。

　　決定「什麼重要」的人是我們。其中一件要考慮的事情，就
是生產、提供我們所消費的商品與服務的人，是在什麼樣的條件
下工作。我們多半對此一無所知，通常都得因為某種災難，或者
靠媒體、非政府組織的揭發行動，讓我們直接看到那些構成供應
鏈的人才行。揭露的結果令人震驚──他們在不衛生的環境中工
作，薪資微薄，工時長得痛苦，沒有多少受教育或改善處境的希
望。故事與圖像可以刺激消費者的良心，結果某些產品遭到杯
葛，其他商品獲得青睞。

　　倫理消費起先可能會稍微貴一些，而且不是每個人都能負擔得起額外成本。但是，只要偏好倫理市場的人愈多，倫理市場的銷售量愈多，生產每單位的成本也會愈低。到頭來，假如人人都需要符合倫理所生產的商品與提供的服務，市場就會往可負擔的價格點移動。

　　問題是，在供應鏈與生產過程中判斷「何謂倫理」並不容易。比方說，有些生產者使用童工，但孩子們面臨的其他選擇，恐怕環境比在工廠工作還要差；無獨有偶，有些成年人在艱苦、危險的環境中工作，而且常常是跟家人與朋友分隔兩地，但他們之所以這麼苦，是因為這已經是他們「最不糟糕」的選項了。挑戰在於將真的有在轉變——從差到改善到好，與卡在某種你無意間曾助長的糟糕作法中不動的兩種情況區分開來。雖然出發點不高，但有些人是真的想改變。你必須小心翼翼，避免用尖銳批評的姿態否定他們改善的機會。我們反而應該以一種能確保不跟那些不努力改善的落後烏龜買東西的方式，試圖建構我們的購買行為。

　　找出誰可以相信、可以向誰購買——這並不容易，畢竟製造商與零售商都曉得，倫理的外表關乎他們的利益。不過，一位重視倫理的消費者還是能對某些線索有合理的信心。公平貿易運動（Fairtrade）和標章可以信任，其他非營利認證機構的標章也可以——它們為符合適當人權與環境永續標準所生產的商品與提供的服務做出保證，諸如此類。

　　更有甚者，你要去尋找那些支持高度透明性的認證者——能給你看證據，證明人事與作法都在進步的認證者，以及主張要改

善現況、而非主張已經達到完美境地的認證者。

問題
THE QUESTIONS

我們的購買決定可以帶來不同。愈多人支持符合倫理的購買行為，產品就能愈便宜。但我們要如何確保我們的善意不至於帶來不好的結果——尤其是對世上最容易受傷害的人？

明確來說：

◆ 你知道你購買的東西是在什麼條件下製造出來的嗎？你找得出來嗎？
◆ 假如生產過程涉及童工，他們的處境是否隨時間而改善？比方說，勞動是否與教育結合？
◆ 涉及商品生產與服務供應過程的孩子要是不做這些工作，處境會不會更差——比方說，會不會被迫賣身為雛妓？
◆ 你是否關注倫理取得原物料的可靠指南，例如公平貿易運動？
◆ 你是否有告訴零售業者，你希望購買以倫理方式生產、獲得的商品與服務？

倫理與購物車
ETHICS AND THE SHOPPING TROLLEY

在市場經濟中，影響世界最強大的力量之一就是你的購買決

定。單單一個人似乎無法造成多大的不同，可一旦每個人的個別決定加總起來，就是一股無法抵擋的改變力量。這是因為公司行號最終究竟是成功或失敗，得看它們是否有能耐提供顧客重視的商品與服務。

顧客是市場上的統治者。沒人能告訴你什麼是做選擇的好根據、壞根據。廣告商也許會試圖說服我們，說自己提供的商品與服務更優質，但到頭來還是由我們決定什麼最重要——價格、品牌名稱、顏色、對世界的若干倫理衝擊，如此這般。

「購物」的行為有項要點，在於試圖避免落入習慣的窠臼，結果使得你看不見自己做的選擇所帶來的影響。人們很容易想都不想就挑了熟悉的品牌，不去理解其真正的內涵。每一次我們這麼做，都有風險在無意間導致世界上發生什麼我們難以容忍之事。也許是員工受到剝削，或是動物遭到虐待，又或者是自然環境惡化，抑或是你我的健康因為不安全、不健康的產品擴散而受到威脅。

因為使用網路資源，或是產品標章相關立法之故，我們變得愈來愈容易找到所購買物品的相關資訊，想確認「東西在哪製造」、「內容物為何」，以及「對環境造成的若干重大影響」，都變得沒那麼困難。

不是每個人都有足夠的錢做完美的決定，但我們所有人都有能力將我們購物車的內容物，跟我們的核心價值與原則相連結，盡可能運用我們所擁有的一切。

問題
THE QUESTIONS

我們的購物選擇有其影響力。我們可以迫使企業改善其作法，限制他們對世界的傷害。市場讓你我個人的選擇得以放大其效果。一思及此，我們如何在可能的範圍內做出最好的選擇呢？

明確來說：

◆ 你知道對你以及你所關心的人來說，什麼才是真正重要的嗎？也就是說，你的核心價值與原則清楚嗎？

◆ 當你面對廣告行銷時，你是否能破譯企業試圖傳達的訊息？這些訊息是否跟你希望成為的自己相符合？

◆ 你曉得自己當下做的決定所造成的影響嗎？你的處境是否讓你能堅持得到更多資訊，協助你在充分了解下做決定呢？

◆ 科技能不能派上用場——說不定產品條碼可以讓你找到可靠的資訊來源？

◆ 你會不會追求要有你所信任的認證標籤——例如公平貿易組織與 RSPCA（皇家防止虐待動物協會）的認證？

◆ 價格是否是你選擇產品的主要根據？假如是，那是因為你有選擇，還是你不得不呢？你的選擇是否有助於讓你偏好的商品降價？

安樂死與自殺
EUTHANASIA AND SUICIDE

活著的權利雖然基本但並非絕對，也就是在某些情況下，這種權利是會失去的——比方說，假如你威脅另一個人的生命，而對方反過來動手抵抗你的攻擊，甚至到導致你死亡的程度。不過，除去這類罕見例外，人們一般都認為生命權是不可侵犯的。

可一旦談到生命從何而來，大家便意見紛紜。有些宗教教導說生命是神（或眾神）的餽贈；其他信仰體系則視生命有其內在價值，無論究竟從何而來。總之，另一種觀點不認為生命是種禮物（可以賦予或取走），而是認為生命屬於活著的那個個人。這些不同的看法將影響有關安樂死與醫助自殺（physician-assisted suicide）相關的爭議。

許多文化都有制定法律禁止殺人。結果，故意殺害他人的人常常有面臨最嚴厲處罰的風險——在某些社會中，所謂「最嚴厲懲罰」包括死刑。要知道，殺人之所以錯，不是因為你會由於這項犯行而受懲罰——錯是錯在侵犯生存的道德權利。獲判有罪的話，懲罰之嚴重不難預料，但問題是出在這個行為本身。此外，世人傳統上期待某些群體（尤其是醫療專業人員等助人者）要致力拯救生命。一位醫生居然會殺害他或她的一位病人？這種想法常常會讓人警鈴大響。

自殺則是另一回事。曾經有某些社會普遍認為自殺是種合理的（有時候更是必要的）作法。例如，古羅馬人就不認為自殺有什麼好丟臉的——說起來，自裁甚至是人們心目中的榮譽之舉。

古羅馬人普遍認為，一個人是要過活還是要結束其生命都是自己的決定，他們對自殺的看法也與此相符。然而後代人受到基督宗教影響，人的生命經過重新定義，成為上帝的餽贈。這個教條最終發展成「人並不擁有其身體」（或身體的任何部分）的信念，當前的法律仍反映出此一信念的立場。只要是基督宗教（或類似宗教）觀點為主流之處，自殺都是違法的。人們相信，一個人只要犯了自殺的「大罪」（mortal sin），就得承受永遠在地獄受苦的後果，而其屍體也不能入土——只有因其他原因而死的人才能下葬。有鑑於基督信仰對西方文明的強勢影響，無怪乎人們長期以來都認為自殺不僅悲慘，而且可恥。

有人苦於精神疾病，否則也想活下去。這種人的自殺確實是悲劇。有人覺得逃不出當下的處境，假如還有其他方法可以脫離苦海，他們也願意活下去。這種人的自殺也令人悲痛。但還有第三種人，對他們來說，死是一種理性的選擇，是他們出於自願、出於良心所做的選擇。

我們都曉得，人所受的苦是可以很折磨的。有些情況是除了受苦者之死，否則都無法緩解。事實明擺在眼前：不是所有形式的痛苦，都可以透過醫療技術與科學紓解。

想像以下情況——其實不難想像。假如發生事故，有人受困於……起火燃燒的交通工具或建築物裡。也許有人希望他們能在遭受烈火焚身的煎熬之前就失去意識。但我們無法確定這種事會發生。假如你撞見這種情況——交通工具起火，火勢無法撲滅，也無法救出受困的人。再假設你有辦法一擊斃命，將受困的人殺死（也許你是警員，有佩槍）。你會怎麼做？你**該**怎麼做？

我曾經問過一位天主教神職人員，想知道在這種情勢底下他會怎麼處理。他毫不猶豫地說，自己會以盡可能快速且人道的方式結束受苦之人的生命。他不認為他的上帝會反對出於愛，出於對受苦之人的同情而採取的作為。換句話說，他不認為他假設自己會做的事情是有罪的，如果有，他也會盼望他的上帝寬恕他。

假如你直覺是終結受苦之人的生命，你一定能理解支持安樂死（在終結受苦之人生命的過程中扮演積極角色）或協助自殺（你幫助一個人殺害自己）的人所提出的主張。

當然，任何一個讓安樂死或協助自殺得以合法的社會，都得面對其所允許的現實──出於有意而讓一個人殺害另一個人。此外，假如有（也應該要有）醫療專業人士參與，我們就得徹底改變這一行的道德觀，畢竟原本他們是致力於治療、拯救人命的。

許多醫生應用所謂的「雙重效果原則」（principle of double effect）化解這種兩難──只要死亡不是有意而為，且用來達成主要目的（通常是解除痛苦）的手段並不違法，就允許有負面雙重效果（如病人之死）存在的可能。舉例來說，明知最終將導致病人死於呼吸衰竭，但仍開立愈來愈高的嗎啡等麻醉劑劑量，就是醫生常見的作法。這麼做的醫生意不在殺害病人：他們只是想消除痛苦，只不過他們也預料到死亡將是其治療所帶來的無意結果。

有人會問，既然這種最終的解脫已經不遠，那何必還考慮安樂死或協助自殺？答案是，許多受苦的人希望死得有尊嚴：他們不希望離開之前就先陷入藥物引發的昏迷。更有甚者，他們想主控自己的死亡──而不是把這麼重如泰山的個人決定交到認識不

深的醫生手中。許多案例中，病人的目標是「跟世界和解」，向愛人道別，用自己的方式離開世界。

這種作法的關鍵在於，期待結束自己痛苦的人必須能自由做選擇。對安樂死與協助自殺抱持批判態度的人因此從反面表達一個問題：脆弱的人可能會因為他人的方便，而被迫或被引誘結束自己的生命。人們提出各種解決方法（在荷蘭更是入法）以避免這一類的濫用或錯誤。目前看來，上述預防措施都很有效，而且能確保病人的同意是出於自由意志，且事前就有充分認知。而且事情也很清楚，人們面對無法承受的苦痛時，常常會在獲得可以終結其生命的手段後，因為知道自己有了所需而感到寬慰，結果反而不行使他們死亡的權利，繼續活下去。光是知道自己能以有尊嚴的方式，在自己選擇的時間點結束自己的生命，便已足夠。

問題
THE QUESTIONS

由於安樂死與協助自殺目前在澳洲都不合法，你會主張修法嗎？假如不可能修法，會不會有哪種情境，是你寧願甘冒遭到起訴的風險，也要協助他人死亡？

明確來說：

◆ 你的倫理框架（包括你的宗教與文化信念）是把人命當成個人的權利，還是因他者（例如人）的意思而保有的禮物？

◆ 你所遭遇的苦痛，是否除了受苦之人的死，就真的沒有其他方法可以緩解？

◆ 受苦之人是否真能在結束自己的生命之前，便能出於自由意志，在充分了解下事先表示同意？

◆ 可資使用的手段能否確保死得有尊嚴？

◆ 是否有任何鼓勵他人死亡的人，是有可能從對方的死亡中獲益——例如繼承金錢、免除債務、逃避身為照顧者的義務……？假如有，這些益處是否扭曲了決策的過程？

◆ 過程中有沒有無利害關係的專業意見提供者（例如醫生或顧問）參與？

◆ 受苦之人是否確實掌握與其死亡有關的決策過程，包括諸多改變心意的機會，即便是將死之前？

◆ 假如你要涉入此事，你是否做好準備，為自己的行動負全責，包括因應潛在的法律結果？假如是，你跟受苦之人是有什麼樣的關係，才讓你準備承擔起這個責任？你真正的動機是什麼？

家庭類型
FAMILY TYPES

人們會用「正常」來描述自己所身處時空環境中的家庭結構，這一點有史可證。比方說，許多文化中的人認為大家庭才是常態。大家庭成員通常生活緊密，幾代人在照顧小孩、經濟生產、儀式與宗教義務領域都有共同的責任。

然而，在現代西方社會中，大家庭已經讓路給核心家庭了：雙親和孩子過著相對自給自足的生活，這才是新常態。不過，「何謂常態」還是有相當大的差異。例如第一次與第二次世界大戰中，有許多年輕人陣亡或遭到拘留，這代表社會必須接受單親媽媽獨自撫養孩子作為常態。這種單親媽媽不會再引人側目，大家不會理所當然認為這些孩子會因為家裡沒爸爸而受到無可彌補的傷害。其實，今天有許多家庭沒有小孩，原因可能是選擇，或是不得已。

問題
THE QUESTIONS

除了你對你自己家庭結構的熟悉之外，有沒有支持或不支持其餘任何家庭結構的充分理由呢？

明確來說：

- ◆ 是否有宗教或文化因素會影響家庭成員與其社群整合的能力？
- ◆ 為家庭生活建立穩定、愉快環境的道路上，是否有適用於過去與適用於其他文化的傳統在這條路上扮演「攔路虎」呢？
- ◆ 可供選擇的家庭結構是否有足夠的彈性與功能，讓家庭成員享有以自己的方式充分發展的自由？比方說，這種家庭結構是否容許個人差異，為合理的個人偏好做出協調？

◆ 可供選擇的家庭結構是個公平的結構，抑或僅是舊有不公義形式的複製品——例如將不平等的負擔加諸於女人身上？

◆ 家庭生活是否對某一代人比另一代人更有利或更不利？

自取食物
FREE FOOD

　　人類最重要、最有意思的其中一種性格，就是我們常常選擇做自己認為「好」或是「對」的事情，即便沒有外在的強制亦然。更有甚者，我們一再做出這類選擇，就算這代表得不到你我所欲也沒關係。大家喜歡找些了不起的例子來證明這一點，但簡單的小事就有很多例子可舉。比方說，許多工作場所擺了放甜點或其他東西的盒子，讓大家自取，也希望大家自願補充。沒人監視這些東西，光取不補也沒什麼難。不過，就算被人逮到做壞事的風險小得可以不計，人們還是經常會做「對」的事。

　　此時最主要的變數也許在於好處的價值。假如好處微不足道——比方說獲得巧克力——何必冒險傷害一個人自己的倫理基礎，何必冒險損害一個人自己的人格？但假設關係到的東西重要得多——如果你的孩子餓肚子，你會不會為了他們而偷食物？而且要是你這麼做不會有人發現，那要不要做？

　　不列顛哲學家約翰・洛克（John Locke）主張，為了不至於浪費，我們不得主張我們用不到的東西為自己的財產。因此，假如農夫有片蘋果園，園裡的蘋果在地上沒有撿起來，你就可以

自由取走多餘的蘋果，不用管有沒有蓋籬笆或是有沒有警告。[12]
然而，大多數的物品不會擺在地上，沒有放到壞的問題，反而
是儲藏起來，或是轉為穩定的價值儲藏（store of value，例如金
錢）。此外，假如你深信要你做不誠實之舉，必然是出於良心為
他人而為，那麼你是否準備好接受後果呢？接受這種後果，將會
成為你誠正信實的標誌，也能讓你有別於尋常的罪犯。

　　情況允許時，富裕的社會會提供基本的福利產品，因此不會
有人因無可奈何而被迫做出違反倫理或法律的舉動。但還是有人
會從體制的裂縫中墜落。

　　此外還有完全活在體制外的人，他們不承認社會規範的正當
性，純以自己與家人之故，或是其他某些或明確或不明確的原因
而行動。這些人是社會上的罪犯——法外行動的個人。他們之所
以這麼做，不見得是因為不得已，而是出於掠奪他人的渴望。他
們有時候也受到自己的倫理規範所拘束，但他們的規矩通常只適
用於有限的人身上，而且不管怎麼說，都無法保護整個社會免於
受到掠奪。對這類人來說，被逮的風臉是主要的嚇阻力。

問題
THE QUESTIONS

　　多數人都很誠實，即便誠實沒有明顯的好處亦然。有沒有什
麼情境是必須做不誠實之舉才行呢？

---

[12] 見 Locke, J (2010,) *Second Treatise of Government*, section 36, http://www.
gutenberg.org/files/7370/7370-h/7370-h.htm.

明確來說：

◆ 你打算做的事情，是否跟你希望養成的人格相符合？

◆ 相信你的誠實的人，是因為有充分的信心與理由所以相信你嗎？

◆ 你是否有賴於他人的誠實？有沒有禮尚往來的義務？

◆ 你的處境是否絕望到讓你考慮做些你不該做的事？你未能滿足的需求是否真的很基本，而不是方便與否的問題？

◆ 有沒有其他方式能滿足你的基本需求──所有能讓你避免不誠實汙點的方式（即便得付出個人代價者）？

◆ 你想取得的東西是否無論如何都會浪費掉？

◆ 假如要求你為自己的決定負責時，你是否甘願受罰呢？

資訊自由
FREEDOM OF INFORMATION

在民主國家，政府行使之權力來自於公民，政府是以公民之名行事。政府的權力每隔一段時間就會透過選舉來更新或是收回──公民有權根據國會代議士的表現，以及自上次選舉以來行使治權的政府之表現，在選舉時做決定。

公民根據資訊做出決定，民選政府也因此極為仰賴於能取得資訊的公民。這項原則帶來「資訊自由」機制的誕生──理論上，這種機制是設計來讓公民能取得關於政府部會首長與公務員行事的資訊。我之所以說「理論上」，是因為這種機制設計來隱

藏的東西就跟揭露的東西一樣多，用行政機構的機密封條、成本、例外等藉口，盡可能維持政府運作的秘密。

　　傳統上，媒體扮演為公民福祉而尋找、證實與分析政府資訊的重要角色。然而在所謂的資訊時代，也可以透過其他手段揭露政府資訊——例如朱利安・亞桑傑（Julian Assange）創辦的維基解密（WikiLeaks）。

　　各國政府強烈反對維基解密這類組織的作法。政府容忍資訊自由機制，也學會如何適應多數的媒體調查深度與廣度，但它們認為供人取得並發表已洩漏資料的組織和個人，是種更嚴重的風險來源。他們反對洩漏資料，但原因與說法的力道各異。最強烈的反對通常跟明確的國家安全有關——尤其是秘密行動人員的性命與安全可能會遭逢危險。相關的顧慮還有：戰略敵人將從取得原本應該保密的資訊而獲益。

　　政府也反對破壞事務的「有序管理」，主張洩漏之舉將削弱它們經良好規畫且適當的處事方式，而且政府必須能暗中驗證想法與尋求意見。政府表示，這是健全公共政策發展的基礎。要是無法保密，人們就不會大方表達自己真正的想法，只會想著不要犯錯。

　　最後一點不僅限於國內，甚至是有國際考量。比方說，維基解密發表大量外交電報，讓政府官員內部的想法曝了光。完全透明無疑會導致各國政府的尷尬，當局主張外交官只有在清楚知道能完全保密的情況下，才能坦率評估情勢。

　　支持維基解密的人提出幾個論點來因應這些反對。第一，他們認為類似組織已經小心確保不披露任何會讓個人遭受危險的資

訊。第二，他們說政府保密可以為善亦可為惡，而相關人等只試圖揭露惡行——例如布拉德利・曼寧（Bradley Manning，現名雀兒喜〔Chelsea〕）揭露美國政府在本土刺探其本國公民的例子。第三，他們宣稱政府抱怨民眾得到、使用機密資訊，此舉實屬偽善：政府情報部門天天都在做。最後，他們主張尷尬的問題不過是政府得承擔的小小代價，跟整體公民充分認知的價值是不能比的。

假設在這兩種立場之間能找到平衡。政府若用秘密對策掩蓋非法或不合倫理的舉動，這顯然是錯的。同樣地，有些事情也得保密，而且光是某個人想知道某件事，並不代表就有知道的權利。比方說在戰時，對敵人保密就完全可以接受——還要盡可能誤導敵人。挑戰在於確保秘密對策並非政府方便就用，而是只能用於國家利益上。

最後，最根本的問題則是破壞法律是否可以接受，或是何時可以接受。一般人通常認為洩漏機密政府資訊是違法的，而公民的第一要務就是遵守法律。有些人受到發誓或承諾等特定責任所約束，假如違反就會招來嚴重的懲罰。即便如此，還是有些個人有意選擇破壞法律——包括跟守密相關的法律。

從倫理（而非法律）的觀點看，公民不僅可以、甚至必須出於良知而不遵守其認為不公正的法律。比方說，澳洲曾經有法律禁止「白人」與原住民女子一起生活。這絕對是不公正的法律，任何人皆有權出於對愛人的情感而無視於這項法律，無關族裔。無獨有偶，越戰期間有些年輕人拒不服從兵役，即便是強制徵兵也不顧；他們堅持自己身為良心拒服兵役者的原則。

對於良心拒服兵役者是否真心，最根本的試煉在於他們是否願意面對自己因為原則而不遵守法律的決定所帶來的後果。有時候，等著面臨後果也是徒勞，畢竟後果也有可能是不公正的。一個井然有序的社會會了解這種情況，並允許對良心拒服兵役的舉動實施適度懲罰的可能，以免非法舉動之動機其實純粹是出於原則與關心公共利益。當然，這不能延伸到叛國罪，因為其舉止意在傷害國家。

問題
THE QUESTIONS

在什麼情勢下，發表政府宣稱為秘密或機密的文件是合理（且負責）的？

明確來說：

- 秘密之舉是為了掩蓋惡行嗎？
- 發表資訊是否會讓無辜的人面臨危險？
- 發表資訊是否會傷害國家利益（這跟現任政府的利益是不一樣的）？
- 揭露的資訊確實能幫助公民做更好的決定嗎？
- 你是否因為必須或承諾的關係，因此有義務保密？
- 你打算的事情是否非法？
- 你願意為自己的行為付出代價嗎？

言論自由
FREEDOM OF SPEECH

　　提倡並保障若干基本自由的社會，才是充滿生氣的社會。尤其是自由民主國家，最重要的基本自由之一就是言論自由。有人主張這種權利應當不受拘束，連最令人不快的意見都應該開誠布公。這種主張的根據有部分在於：令人不快的想法若留在暗處將茁壯繁殖，公諸於世的陽光將削弱其力量。

　　也有人認為言論自由應當有所限制。比方說，他們認為「自由」（liberty）與「放任」（licence）之間是有區別的，前者伴隨著責任，後者則不受限制。經常有人以某人心懷不軌，在滿是民眾的戲院中大喊「失火啦！」而造成民眾恐慌為例，來主張需要限制。這種反對言論自由不受限制的看法，是以英格蘭哲學家約翰‧史都華‧彌爾（John Stuart Mill）的古典自由主義立場為根據：「唯有以防止他人受到傷害為目的，才能正當將權力以違反其意願的方式施加於開化社會之任何成員身上。」[13]

　　彌爾的作法不僅是為了限制政府權力，更是為了應用在人與人的關係上。事實上，這種設想是將個人自由拓展到最大限度。只要任意一種行動不會傷害他人（無論是否正式禁止），我們就能隨心所欲。這樣一來，誹謗與其他錯誤就會排除在外，就算或許可以在法庭上對此要求賠償。

---

[13] Mill, JS (1975), 'On liberty', *Three Essays*, OUP, Oxford, UK.

「言論造成的傷害」並不是某種抽象的概念。今天的澳洲還有一些人曾經在阿道夫‧希特勒的納粹德國統治下經歷過二十世紀最駭人聽聞的事。那些事件的陰影仍籠罩在對於言論自由的討論上。有些人認為這種事情會發生在澳洲簡直是異想天開。不過，開明的德國輿論在納粹崛起之前也會這樣認為。納粹致力於用政治修辭將歐洲猶太人非人化的任務上，納粹的宣傳同時運用想像力與言詞，試圖將猶太民族描繪成不完整的人類──甚至明確將其比作害蟲。

自由民主國家應該維護言論自由的推定權利。然而，這種權利在有限行事中可以加以駁斥，也就是法律明確禁止以特定形式表達的領域──這樣的法律可能適用於國家安全、兒童色情等情況。不過，假如我們想防止過去一度發生最糟糕的事情再度上演，我們或許可以主張應該更進一步，保障民眾免於以下兩種言論形式的傷害：

◆ 指陳或暗示另一個人不值得擁有每一個人無論其種族、宗教、性別、年齡、性傾向或其他這類特質皆擁有的基本尊重。
◆ 因為他人的種族、宗教、性別、年齡、性傾向或其他這類特質而鼓吹以暴力對待之或仇恨之。

偏偏這種作法無法保護人們不受程度較輕的侮辱或冒犯形式所傷害，無論這些形式的言論對遭到侮辱或冒犯的人來說有多麼不快。假如某個人想侮辱或冒犯我，這大概就是所有自由得付出

的代價吧——只要他們別跨過剛剛提出的界線。

　　或許有人覺得這種法律並無必要，最大程度的自由想必會伴隨著同等程度的倫理限制。但歷史告訴我們，靠這種非正式措施的風險實在是太大了。

問題
THE QUESTIONS

　　社會最好要有最大可能的言論自由，但言論造成的傷害卻不見得抽象，也不必然微小。那我們該怎麼拿捏平衡？

　　明確來說：

- ◆ 你打算說的話是否會傷到別人？假如是，你別說會不會比較好？
- ◆ 你是否直接或間接質疑他人的人格？
- ◆ 你可能會感到傷害或冒犯，但你真的有受到損害嗎？
- ◆ 你覺得會冒犯人的事情最好要公開嗎？
- ◆ 使用的表達方式是否只算「粗魯」而已？這是否是民主制度的其中一項代價？
- ◆ 你是否有同等權利可以回應？他人是否有相同的機會，能讓他們的心聲為人所知？

未來的世代，我們的責任
FUTURE GENERATIONS: OUR OBLIGATION

許多文化的人會慎終追遠，讓祖先的記憶影響當前的習俗——掃墓、為亡者祈禱等等，但同等的注意力卻鮮少投注於未來的世代，甚至沒有，明明處理我們遺產的終歸是我們的孩子和他們的孩子。我們是否應該更重視我們的義務，去保障他們的未來？

問題的答案有部分關乎我們對於「時間」與「發展」等概念的看法。人類歷史上，許多時代的人以循環的方式來思考時間。一年四季、凋零與重生、日與夜等循環的特質，讓世人相信未來必然與過去相同。「發展」的概念是現代性（modernity）的標誌，是「人類才智將為世界帶來進步」這種樂觀信念的產物。儘管人類的不當處置導致戰爭與災難發生，上述的普遍希望仍然存在——直到今天。

如今看來，我們的後代恐怕將繼承一個比我們的現在更糟糕的未來。全球暖化、恐怖主義、地緣政治不穩、經濟停滯衰頹、水資源戰爭、破壞性技術——上述與其他因素森然隱現，成為潛在的危險源頭。好消息是，最晦暗的前景未必會成真。不過，比起一味認定未來會比過去更好，我們反而需要採取措施來確保情況真的如此。我們確實有選擇權。

其中一件能用於指引我們的哲學工具，就是透過哲學家約翰・羅爾斯（John Rawls）所謂的「無知之幕」（veil of ignorance）

來看事情。[14]針對「我們怎麼樣能做出符合正義的決定」的思索，羅爾斯提議：我們應該展望一種未來，是我們不知道自己會在哪兒出生、出生於什麼環境中的未來。我們也許生來窮之又窮，也許生來帶著惡疾，也許生來就有錢有權。關鍵在於我們不知道自己將生於何處，羅爾斯主張這種「不知道」將讓我們做出不至於不利未來世代的決定。

　　把每一個人的處境想像得清清楚楚，似乎是不可能的事。另一種可能的作法是聚焦於全球公域（global commons）[15]——也就是所有人賴以維生的事物，諸如環境與國際安全。此舉或許有助於我們把注意力擺在確保我們能保護從祖先手上繼承來的共同福祉，或是為我們的子孫而鞏固之。

　　我們的後代無法為自己發言，但我們可以想像他們可能會說、做些什麼，尤其要是我們將未來的品質從他們手中搶來、占為己有的話，他們會怎麼評斷我們。由於我們無須承擔任何處罰，能夠指引我們的也就唯乎良心了。

問題
THE QUESTIONS

　　我們幾乎遇不到自己絕大多數的子孫，他們也沒有能力要求我們負責。那我們何必為他們的利益操心？為何不盡情運用我們

[14] Rawls, J (1999), *A Theory of Justice,* HUP, Boston.

[15] Jacobs, M (2016), 'Are we failing future generations?', The Ethics Centre, Sydney, http://www.ethics.org.au/on-ethics/blog/august-2016/are-we-failing-our-duties-to-future-generations.

所生活的世界，反正兒孫不是自有兒孫福嗎？

明確來說：

◆ 你對歷史評價是否有那麼丁點在乎？

◆ 假如你在距今一百年之後出生，你覺得你看到的世界可能是什麼樣子？

◆ 假如你不關心所有未來的人，那你自己的後代子孫怎麼辦？

◆ 你是否想像過，或是你是否能夠想像：生活在一個全球公域遭人無視的世界中是什麼樣子？

◆ 你日常生活中的決定（關乎能源使用、消費、投資等等的決定）可能對未來的世界有什麼影響？你是讓你的孩子或孫輩過得更好還是更差？

◆ 為了未來，你今天所能影響的最重要的事情是什麼？

◆ 假如對未來有責任，這種責任只會落在富人身上嗎？還是說今天活著的每一個人都有責任？

◆ 為了尚未出生者的福祉，個人自由是否應有所限制？

賭博
GAMBLING

要是你抽絲剝繭，直搗「賭博」這種現象的核心——也就是承擔計算過的風險，期待有所回報——這不過是種相當無害的消遣方式。其實，大家隨時都在賭博：過馬路不走斑馬線，投資股市，試用尚未驗證的新產品，諸如此類。

事實上，跟賭博有關的「惡」多半不是這個消遣本身。人們確實有理由重視賭博成癮以及組織犯罪的涉入，但對任何東西上癮（藥物、工作、性，什麼都可以成癮）都是問題，跟組織犯罪一樣。總之，除非你完全反對冒險，或是不贊成透過無須個人努力的方式而致富，否則造成倫理問題的都不是賭博本身。

以賭博業的角度來看，業者主張自己是提供娛樂服務，收取一筆服務費（他們贏錢與輸錢之間的差額），讓「賭客」體驗賭博的刺激，並帶來贏錢的可能性。偏偏某些賭博機構試圖利用外在的惡（例如成癮）為己謀求好處。這些業者非但沒有消弭遊戲中可能會「迷住」某人的面向，反而一再加強力道，想方設法增加他人對賭局的依賴，繼而增加他們投入的頻率。為了造成這種結果，他們運用了各式各樣的技巧，包括設計師與心理學家的手法。

何況，就算賭博完全保持作為某種休閒娛樂的清白，好的東西攝取過多也可能有害。聽合唱團唱流行歌也許算是調劑身心的好方法，但這不代表我們期待在每個角落都聽到有合唱團在唱歌。然而賭博卻漸漸氾濫，在現實生活中無孔不入，在網路上也

愈來愈多。有些家長如今表示，他們的孩子對足球賽賠率之了解，比他們對球員的認識還豐富。結果呢，以前一家人出門是為了享受團聚的時光與球員的運動才華，如今這一切都墮落為商業平台，為賭客與試圖從中獲益的公司所用。而且別搞錯了，到頭來贏的永遠是「莊家」。

最要緊的是，年輕人似乎尤其容易受線上賭博影響，他們和其他賭徒一樣並不善於控管自己的損失，而這意味著其他重要的金錢用途（例如儲蓄）就受到忽視了。

問題
THE QUESTIONS

以最純粹、最簡單的形式來說，賭博可以是種相當無害的消遣，但假如賭博經過「調整」，變得容易成癮，或者開始占據我們生活的各方面時，那該如何？

明確來說：

◆ 你是否迷上賭博，或者有迷上的風險？你真的能掌控局面嗎？

◆ 你有注意到那些有可能用來掏光你皮夾的手法嗎？比方說，賭博公司有沒有讓你覺得自己很重要，或者它們就像是你的「夥伴」？

◆ 你用來賭的真的是多餘的錢，抑或你該把這筆錢用於他處才對，尤其是你有其他必須支出時──房租、伙食費、學費等等？

◆ 你的重要經歷是否因為賭博而改變過？有沒有什麼活動是
你一度享受其中，而你所享受的那一點卻因為賭博而消失
了？

性別與工作場所
GENDER AND THE WORKPLACE

女性與男性做一樣的工作，領的錢卻比較少，這仍然是澳洲
生活中的現實。同樣的偏見也可以從女性擔任中高層管理職，或
是擔任董事會成員的低比例中看到證據。

這種報酬與機會上的差異不能用工作能力的本質差異來解
釋：女性受過教育與職場表現不遜男性，因此沒有明顯的理由要
她們得到的回報有所不同。這麼一來，就只有另外兩種可能的解
釋——其一，結構或文化因素導致男性與女性的終生生產力有
別；其二，女性受到歧視。

女性過往確實因為生兒育女的關係，必須長期離開職場。此
時，男性則爬到更高的位置，待女性重返工作時，留給她們的都
是比較低階的角色。如今，方便的托育、工作安排的大幅彈性與
家長照顧模式的改變，已經讓男性與女性工時上的差異減少了。

但是，就算這些統統屬實，也無法解釋女性與男性同工卻不
同酬的現象。由於其他方面都一視同仁，因此同工不同酬就只能
解釋為歧視女性所造成的後果，而且這種歧視不太可能限於薪
資，影響甚至及於雇聘與升遷。

如今有些雇主正努力消弭雇用員工或評估升遷時的性別因

素。這意味著剔除履歷中所有能讓人知道或推測出申請人性別的資訊。實驗已經證實，同一份履歷會因為遴選小組注意到申請人的性別而遭到差別對待，他們會提出最能為其偏好說話的因素，作為人選的優先考量。因此，「無視性別」的評估應該有助於減少偏見造成的影響，讓評估完全以能力與表現為基礎。

女性占高階主管職與董事會成員的比例相對較低，對此，不時有人主張「夠格擔任這些職位的人選不足」，以此作為解釋。這話沒有說服力——尤其是因為現在有愈來愈多的安排，是設計來確保有能力達成最高要求的女性隨時都有足夠的人數。

但為何要重視這件事？第一是為了公平正義。要是大家能力相同，卻用歧見加以對待，這公平嗎？第二，假如刻意限制不去運用半數人口的天賦，社會怎麼能良好運作？第三，在工作場合提倡多元性有相當實際的好處：現代創新經濟最不需要的就是「一言堂」的傾向。性別並非唯一一種應當得到鼓勵的多樣性，但這是個好的開始。

消費者與投資人是否有能力協助影響這種風氣，則是另一個關注焦點。儘管營利事業所有人與經理人要求自主經營的權利（包括指派董事與其他職位）並無不當，但消費者與投資人也應該得到類似程度的自主權，在決定買什麼、投資什麼的時候，可以聽其意願，將兩性平等問題納入考量。如此一來，私利與原則就能兩兩結合，支持男女在工作場所得到真正的機會平等。

最後還有一點：每當報酬是以協商來決定時，女性通常要的都比男性少。她們還傾向於低估自己做某份工作的能力（相信自己必須「完全符合」才行），而男性則傾向於認為能力接近就

行，因此會申請那些得盡其全力表現才能勝任的職位。如果薪資相對水準的資訊更容易獲得，或許有助於解決第一個問題：假如女性知道基準點在哪，應該就會要求跟男性相同的薪水。也許女性成功典範能幫助改善第二個問題。而在這兩件事情上，男性都能提供幫助，鼓勵女性把目標訂得至少跟男性同儕一樣高。

問題
THE QUESTIONS

「男女在工作場所獲得不同的回報與機會」，這有什麼正當理由嗎？

明確來說：

- 如果你跟別人工作內容一樣，成果也一樣好，拿到的錢比別人少，你會作何感想？
- 你曾主動尋找、鼓勵適任的女性應徵者嗎？
- 你有沒有想過，假如一間公司性別組成不平衡，或是對待男女並不平等，別人會怎麼想？
- 對於男女從事各種工作的相對能力，你是否有任何無正當理由的預設立場？
- 你在建構你的工作場所時，是否容許某種有助於男女機會平等的彈性存在？
- 你能不能抬頭挺胸，看著你雇聘時的作法鉅細靡遺公布出來？

基因改造生物（GMOs）
GENETICALLY MODIFIED ORGANISMS

如果你肯定演化，那你就肯定基因改造。天擇的過程不僅為生物的表形組（phenome，生物外表的模樣）、也為基因組（genome，在內部發揮作用的基因指令元件）帶來有效而且高效的發展。基因改造生物的問題在於一般人都認為它們不是天擇產物，認為人類干預了大自然的應有秩序。這一點轉而造成一些恐懼，其中最引人注意的有下列幾種：

◆ 危險生物逃脫，要不是無法阻止這種生物，就是無法控制其進一步演化與自我複製的能力所造成的影響。
◆ 自然產生的物種退場，世上再也沒有純正的自然產物。
◆ 擔心人類的創造力已經超出了神聖的照看者所訂下的適當界線。

農業化學公司孟山都（Monsanto）在釋出某些最早的商用GMOs時，是出了（惡）名的欠缺考量。這間公司把注意力擺在農民身上，主張GMOs能帶來更便宜、更有效的作物種類，而不太注意、甚或是完全不顧消費者選擇拒絕購買GMOs為食物的可能性。結果事實的確如此，農夫也發覺種沒人想買的食物實在沒道理。

民眾因為跟孟山都之間的不愉快經驗，進而更加注意與GMOs有關的流行議題。儘管科學家與立法者盡了最大的努力，

民眾仍然對於涉及跨物種的染色體互換（genes crossing）發展——例如把魚的基因植入番茄中——感到不舒服，縱使分子層面上的結構不變也無濟於事：「非天然」的基因交換仍然會引人警覺。

通常在創新方面能帶來明確的好處，以及無涉於人類消費時，GMOs最能得到支持。比方說，藉由調整蚊子的基因，以消滅瘧疾與茲卡病毒（Zika virus）等由蚊子為病媒的疾病時，就很少有人批評。這種例子裡，人類的健康與福祉似乎足夠明確，能確保民眾接受。甚至連運用GMOs來控制害蟲（例如澳洲的海蟾蜍）的作法，民眾也抱持開放態度。重點是，GMOs獲得廣泛接受與否，似乎得視情況而定，而且必須有其他手段無法帶來的明顯好處。

最後這一點會牽涉到在食物生產活動中使用GMOs的可能性。氣候變遷與人口成長為農業帶來愈來愈高的風險，有些人因此呼籲擴大採用GMOs來供應食物，從而為沒有管道取得未基改食物的人提供健康而營養的替代品。懷疑論者（尤其是偏好所謂天然物產的人）則質疑，明明有更好、更合理的傳統型態農業可以解決世界上的糧食問題，而且不會造成任何跟GMOs有關的潛在風險，為何我們還要訴諸GMOs？

今天，爭議的主戰場在於GMOs的標示問題：消費者追求「知」的權利，而若干商業利益者（孟山都為其中之一）則反對在產品上明確標示GMOs成分。這一點跟供應鏈管理有密切關係：假如在供應鏈中的任何一個環節使用了GMOs——例如用來餵養農場中的動物——是否就要公開？

問題
THE QUESTIONS

　人類算不算「自然界」的一部分？假如算，這對我們創造的事物來說有什麼含義呢？我們能不能放手讓科學家創造安全且確實有用的GMOs？其間的風險能否減到最少、受到管理？

　明確來說：

◆ 你知不知道你買的東西裡面有沒有GMOs成分？

◆ GMOs能否受到控制，讓人們仍然有天然物產可用？

◆ 不製造GMOs的話，是誰要承擔代價？

◆ 需要有什麼樣的益處，你對GMOs的使用才會感到信服？

◆ 你會個案看待糧食供應鏈中的GMOs嗎？GMOs跟其他的選項相比，是更能接受，還是更不能接受？

◆ 對於跟GMOs有關的既成事實，你會在哪裡畫下界線？你是否有相關科學知識，足以在這個議題上形成公允的觀點？

全球暖化
GLOBAL WARMING

　全球氣候正在改變。多數人對於改變的方向（更熱）與成因（包括人類的選擇所造成的重大影響，而且通常是不好的影響）已有共識。有鑑於情勢威脅，你八成會認為就連持相反立場者也

會力求審慎，並支持多數的共識。異見者也許是對的（不太可能，但還是有可能），但要是他們錯了，可是會帶來災難性的代價——因此審慎態度才會得到支持。

作為倫理問題，全球暖化就跟其暖化程度一樣影響深遠。澳洲前首相陸克文（Kevin Rudd）曾經表示，全球暖化是「我們這個世代最嚴重的道德挑戰」。就這次的挑戰來說，政治勝過了倫理，陸克文對於採取倫理行動的承諾也成了空中樓閣。但陸克文起先對於這個主題的倫理重要性評估確實是對的，原因有幾個：

◆ 繁榮、安全、生存、正義等彼此競爭的「善」有必要取得平衡。

◆ 全球暖化對這顆行星的影響是全面的——不只影響人類，而是影響所有生靈。

◆ 集體行動的問題——那些造成暖化問題的行動所帶來的利益，以及彌補問題的代價之間並不對稱，而且並非雨露均霑。

◆ 未來世代也會受到牽連。

倫理問題在每個階段都會增加，影響（而且可能是限制）我們能用來限制傷害，以及因應無法避免的情況時所採取的措施。氣候變遷恐怕會激起大規模人口遷移（不見得會風平浪靜），畢竟人們會尋求安全而有生產力的居地。

相對富裕的已發展國家居民也許認為自己可以拉起吊橋，置身事外。從現實角度來看，只有最自給自足的國家——準備好以

武力保護其國界——才有這個選項可挑。但是，無論這種國家多麼希望背對這一切，自外於氣候變遷對全世界的效應，它們終究也會受到影響。

　　幸好最糟的預測結果並非無法轉圜。更好的是，連普羅大眾都可以貢獻一己之力。全球問題的難處在於有時候看起來過於複雜，導致民眾因為問題看起來太大而失去希望，對問題卻步。但我們每天都有採取行動、帶來改變的機會——從我們選擇購買什麼，到我們選擇如何投票、如何投資，以及我們與友人的對話，都是機會。我們大家都會受到影響，所以我們都有投身其中的合理根據。事實上，去採取行動、擁抱註定會現身的機會，對我們個人與集體都有好處。

　　最好的機會似乎就在於科技發展：科技不僅能有助於限制全球暖化，甚至還會激發創新。追求再生能源的發展就是個例子，比方分散式發電（distributed generation）便能消弭對少數大型供電者的依賴。不過，創新所涉及的範圍可以比再生能源更廣，幾乎及於生活的每一個領域——建築與營造、農業、運輸、保險等等。如此深遠的改變提供了前所未有的契機，讓我們在擘畫我們的社會時有截然不同的選擇。也就是說，我們可以把舊有的模式與不再合理的行為方式掃除一空。氣候變遷問題的全球性質將鼓勵你我從更寬廣的角度看事情，影響我們跟他人與其他物種之間的關係。

　　然而，儘管有些人對於如此龐大的挑戰感到躍躍欲試，但在面對浮現的情勢時，卻也有其他不情願的參與者。不是每個人都能立即成為贏家。有人會看著自己的工作消失——而且不只是他

們的工作，甚至是他們的整個生活方式：想想看煤礦工人就知道了。有些人得遷離祖先生活了數千年的土地。這種事情以前就因為冰河期自然循環導致的海平面不定期漲落而發生過，但對那些被迫經歷巨變的人來說，「史有前例」不會帶來多少安慰。當激動人心的新世界因為現實的衝擊而浮現時，我們必須確保沒有人被棄之不顧。

對於你我共同的未來而言，氣候變遷恐怕是無法避免了。或許事實終將證明氣候變遷能為人類帶來絕佳的機會，將我們的生活方式重開機。假如成真，我們就必須公平分配重開機帶來的好處，讓人人在有序且公平的環境中完成轉變。

問題
THE QUESTIONS

氣候變遷將會威脅地球生命的存續。我們對未來的世代有什麼責任呢？我們如何確保相關的負擔與機會能公平分配？

明確來說：

◆ 你是否接受自己對他人有責？假如是，你會考慮誰？
◆ 你的影響力與掌控的範圍有多廣？你購買商品或服務時，心裡是否會想著氣候變遷？
◆ 對於可能成就的一切，你的態度是否樂觀？你會把氣候變遷視為到來的契機嗎？
◆ 誰可能跟不上腳步？為了幫助人們過渡，我們需要做些什麼？

敦親睦鄰
GOOD NEIGHBOURS

儘管多數澳洲人都跟家人或朋友一起住在設備齊全的房子裡，但幾乎家家戶戶也都跟住在自己全套配備的房子、跟家人或友人一同生活的人住得很近。跟某人住得近，彼此就會成為鄰居嗎？還是說成為鄰居還需要些別的？

人們雖然住得不遠，但對彼此的背景卻幾乎一無所知。他們也許會在錯身時點頭打招呼，除此之外就完全沒接觸。在這種情況中，人們表現出一副非常抗拒「你我因相互義務而凝聚起來」這種看法的模樣。禮尚往來幾乎無關緊要。曾經發生過老年人死在自己家裡達數星期才有人發現的事情。明明附近都有人，有時候跟死者不過幾公尺之遙，中間隔著的不過就是幾塊磚頭，卻沒有人注意到——甚或是沒有人關心他們不見了。有人遭到襲擊，尖叫聲劃破夜空，卻沒有人想到打電話叫警察，或是以其他方式介入。

這類事件顯示出陌生人與鄰居之間的差別不在空間上的接近，而在於關懷他人的態度。通常，我們會把關心別人的心力導向與我們最親近的人：畢竟跟我們周遭環境中的人接觸會比較容易。但人類的特點之一，就是我們有能力照顧完完全全的陌生人，而且常常是住在世界另一端的陌生人。澳洲人對各個援助發展機構的慷慨解囊，就是明顯的例子。

如此說來，我們怎麼會對就在自己面前的人這麼漠不關心？是因為尊重他們的隱私？因為怕涉入人家的生活？我們太忙了

嗎？或者只是疏忽——對於眼前的一切視而不見？

敦親睦鄰是種社會資本存底，可以為了大大小小的事情提出來用。當整個社區都能照顧孩子時，孩子們會感到（實際上也是）更安心。罪犯會覺得（事實上也是）有更容易被人逮到的風險。公共財（例如提供新鮮蔬果的共享菜園）會因此誕生並維持下去。老人家能成為社群的一分子，他們的經驗與智慧成為帶給他人力量的泉源。

看起來，「做個好鄰居」的正字標記就是留心於人、一點關懷，以及在情況需要時奉獻一己之力。雖然大家常常覺得必須有正式的互助義務，但其實不必。

問題
THE QUESTIONS

我們多數人都跟彼此住得不遠；大家在名義上是鄰居，但實際上不是。我們需要做些什麼，才能夠享受打造優良鄰里關係的好處，並共同承擔其責任？

明確來說：

◆ 有沒有可能創辦某種社區活動，讓街坊鄰居凝聚起來？

◆ 製作一份你們的鄰里地圖——誰住在哪、經驗與技術的清單、界定公私領域的劃分——是不是有其價值？

◆ 對於在需要時能找哪位鄰居幫忙，大家是否有共識？

◆ 你偏重隱私，還是參與他人？這樣的偏好是出於選擇，抑或出於必然——生活忙碌、責任衝突等等？

◆ 鄰居們需要遵守什麼樣的界線？這些界線要如何訂定，如何實施？社區鄰里的範圍是從哪裡到哪裡——某棟建築，某條街，某間派出所的轄區？要是有人希望自己能在範圍內，卻落到範圍外，怎麼辦？

好人做壞事
GOOD PEOPLE DOING BAD THINGS

　　世界上就是有人故意惹人厭，做壞事，不過這種人畢竟是少數。現實讓人不好受，但世上多數的問題，都是好人做壞事的後果。他們不是故意造成傷害，通常也會在面對自己的行動造成的影響時感到沮喪。偏偏他們就是罪魁禍首。

　　之所以如此的原因真的很簡單。許多人生活時鮮少會想著把自己日常做的事情跟任何明確的價值與原則框架相連結，反而是前人怎麼做就怎麼做、「隨波逐流」，或是根據經年累月的習慣來行事。指引當前習慣的準則在剛開始發展時都有其道理，只是時光遞嬗、物換星移，舊習慣可能會從好的力量變成不好的力量。我們馬上就想到例子。回想以前的個人衛生習慣，例如討厭洗澡或是使用明水溝，再想想一旦人們清楚了解這些習慣成為某種傳染病的推手時，這些習慣又會如何轉變。科學已經揭露了這類疾病的流行原因，其中就包括不知情民眾的生活習慣。

　　不過，只要有好好思考，好人就可以避免做壞事。偏偏有時候光是思考恐怕還不夠。有些體制並不在乎個人的想法，對個人的倫理準則不感興趣。這些體制（全都是人類的選擇所創造的產

物）能影響好人的行動，造成壞的結果——除非好人開始挑戰體制，迫使體制改變，讓體制有堅實的倫理基礎。

一旦成真——這不容易，但是有可能——我們就只需要擔心那些選擇做壞事的人。

問題
THE QUESTIONS

很少有人會故意造成傷害；事實上，多數人無意間造成傷害之後，都會感到後悔。我們的挑戰在於不要「放任自流」而導致這種處境，不要像看不到懸崖邊的夢遊者。

明確來說：

◆ 你是習慣的動物嗎？你的習慣是否適合你生活的世界，或是你希望打造的世界？
◆ 你能清清楚楚將自己做的選擇與某個明確的目的、價值與原則框架掛鉤嗎？
◆ 你是否服務於一套無視你的選擇，或是促使你做你認為是錯事的體制呢？要如何挑戰、改善這套體系？
◆ 你會三思而後行嗎？

百工斯為備
HAVING A JOB

先問，究竟怎麼樣算一份「工作」？我是否有義務得有份工

作？許多人雖然並未受雇於他人，但對整個社會卻有重大貢獻。想想看那些選擇做家管的父母、照顧病弱者的家人，或是豐富我們整個社會文化與制式生活的藝術家所做的付出。這些人都沒有因為自己的所作所為而得到薪水，但他們每個人都可以說自己從事一份非常重要的工作。

也就是說，真正的問題是「我是否有義務，對我所生活的社會帶來正面的貢獻？」答案有一部分得視個人如何看到自己的生命目的。擁有潛能的人能發展自己的天賦嗎？要是天賦未能發揮，對個人、對世界會有什麼樣的損失？接下來是機會問題。擁有非凡才能的人有可能誕生於無法讓他們實現潛能的環境中。無論他們多麼想發展，無論他們多麼努力嘗試，他們就是被鎖在貧困或壓抑的循環中，每一回拓展個人視野的努力都被折磨人的柴米油鹽給粉碎。

社會責任呢？我們每個人是否都必須運用我們擁有的任何能力，為社會的維繫或改善貢獻心力？其中還涉及禮尚往來的問題。假如有人只享受好處，卻連舉手之勞都不願意，那別人何必努力打造良善的社會，讓每個人都能獲益？明明奉獻的機會俯拾皆是，這樣公平嗎？

就是這些問題，影響了政府政策的形成。最開明的政策會假設人人對社會都有貢獻，並制定出能促成貢獻的方法。然而，有些人在絕望中成長，相信努力只是徒勞。還有少數人就是樂得坐享其成，讓別人承擔他們的責任。

問題

THE QUESTIONS

人人都有能力為你我生活的世界奉獻一份心力。許多奉獻因為不算是「工作」而不為人所知。要做些什麼，才能鼓勵、支持每一個人盡可能發揮自己的潛力？我們又該如何回應那些選擇什麼都不做的人？

明確來說：

◆ 對於那些以非金錢衡量的方式——例如透過其公民身分或創造力——貢獻社會的人，我們是否有給予足夠的表彰？

◆ 是否應該要求人人在生活當中都做點有用的事？

◆ 對於能力確實受限而難以帶來貢獻的人，我們要如何維持他們的尊嚴？

◆ 是否應該讓每個人都能發展自己的天分？還是說人們應該順從，滿足社會的需要？

無家可歸

HOMELESSNESS

大家都曉得，如果想要有飛黃騰達的機會，至少也得先有最低限度的食物與棲身之所。在外頭餐風宿露、風吹雨打，就等於暴露在不適、疾病的風險中，終究會讓人早死。正因為如此，已發展國家才會常常把注意力擺在提供庇護所，讓時運不濟、家庭

暴力、意外或其他因素而被迫流落街頭的人能遮風避雨。有人認為，比起留在某個殘忍施暴的人身邊，無家可歸還稍微好些。

無處容身的慘況不難想像。選個又冷又下雨的晚上，想像自己衣不蔽體、穿不暖，或是沒有人身安全。接著再想像自己身邊還帶著孩子，或是想像你苦於精神疾病，又怕又困惑。除非是出於自由選擇，不然怎麼能讓我們社會中的任何人流落在這種寒風中？

有時候親朋好友可以提供棲身之所，有時候則必須由整個社會來提供，透過國家之手來完成。但是「有個棲身之所」跟「有個家」之間有很大的差別。「家」是讓人放鬆、創造回憶與意義——還能讓人有所成長的地方。

問題
THE QUESTIONS

雖然我們都能同意「你我社會中的所有成員都有權擁有棲身之所」，但我們應該確保每個人都有個家嗎？

明確來說：

◆ 談到有個地方棲身時（或者再好一點，有個家），為了你自己或你心愛之人，你對這樣的地方有什麼樣的期待呢？

◆ 要讓「家」之所以為家，最起碼的條件是什麼？

◆ 親朋好友是否應該作為第一個回應無家可歸的人，加以承擔責任呢？還是說，這是整個社會的責任？

◆ 對於社會來說，無家可歸的問題重要性排名如何？有其他

問題的先後順序排在更前面嗎？

人類與其他動物的關係
HUMANS VIS-À-VIS OTHER CREATURES

人類獲得了從本能需求與欲望中解放的能力，得以做出有良心、符合倫理的選擇。每個人——無論他或她的個別處境——都能體驗這種存在的方式。其他動物也許有同樣的能耐，但我們不曉得牠們的能力到達什麼程度。

乍看之下，這種能力似乎讓人類有著比大自然其餘萬物更優越的地位。然而，「不一樣」未必代表「更好」。比方說，哲學家伊比鳩魯和他的追隨者就相信萬事萬物都是由相同的基本材料（原子）所組成，沒有哪一種型態優於另一種型態，畢竟眼前的花花世界只不過是意外的結果。澳洲哲學家彼得·辛格則主張每一種能以類似於人類的方式發展出喜好的動物，都應該以平等的態度對待之，進而視之為人——有完整權利與責任的生物。

這種思維的關懷比人類虐待動物的問題還要有深意。比方說，許多虔誠的人相信人類是按照神的形象所造，但他們仍反對虐待其他生物。「反對虐待其他生物」不代表「所有動物處於同樣的存在位階」。

其實，我們人類有能力考慮自己對其他動物的倫理義務，這件事本身就很了不起。這項能力似乎是天地萬物間的一種突現特質（emergent property）——自我意識並非因為人類宣稱它重要所以重要，而是本身就很重要。自我意識不會讓人類比其他生命

型態更優秀，但確實能讓人類與眾不同。

問題
THE QUESTIONS

人類與其他許多種類的動物共享地球。我們習慣獨尊自己的地位，把其他物種降格成資源，用於滿足人類的欲望與需求。假如人類僅僅自視為生命之網中的一縷線，這個世界會不會因此徹底改變——說不定會變得更好？

明確來說：

◆ 人類真有任何特出之處，能作為主張優越地位的根據嗎？就算有，會不會只是我們挑選這些因素，來支持自己的優越地位？

◆ 有鑑於我們對於其他物種的想法與感受相當不了解，難道我們不該寬以待物，視牠們與我們平等？

◆ 我們了解「平等」所牽連的層面嗎？這是否會終結以其他動物為食物、衣物、進行醫學實驗……的作法？這是否是我們該承受的代價？

◆ 我們從自然界中能學到什麼教訓？倘若我們實踐所學，人類是不是能為其他物種帶來更有益或是較無害的影響？大自然究竟是親和溫柔的所在，抑或是丁尼生（Alfred Tennyson）所說的「血紅的牙爪」？

非法下載
ILLEGAL DOWNLOADING

想像你走在街上，注意到有個老人家正要從口袋裡掏什麼。有東西掉到地上，而老人家沒有注意到東西不見就逕自走了。一會兒，你撿到一個皺皺的信封袋，裡面滿滿都是錢。你會把錢據為己有嗎？還是會追上信封袋的主人，把錢物歸原主？多年來，我拿這個問題問了上千人——或老或少，有貧有富——但答案永遠一樣。他們會把錢還回去。更有甚者，他們還說把錢留下來形同「偷竊」。

假如你問大家為什麼會這樣決定，他們都能回答出簡單而明顯的理由。其一，他們曉得錢不是自己的。其二，他們知道錢真正主人的身分。其三，真正主人的處境是個意外：他們沒有做出什麼該蒙受這種損失的事。其四，還錢只是舉手之勞；事實上，就算告訴他們「真正的所有人很有錢，而且不太討人喜歡」，他們還是會決定把錢還給對方。

你可以設定同樣的基本條件，然後套用在非法下載的情況，卻獲得截然不同的結果。人們知道自己下載的東西並不屬於自己。他們知道真正的所有者是誰。他們知道數位素材的創造者或所有者沒有刻意做任何直接導致損失的事情。但大家還是不付錢就下載。無論怎麼說，非法下載都是偷竊。那人們要如何自圓其說？

大家給的其中一個理由，跟「做對的事」的難度有關。跟我對話的人多半認為理應讓數位產品普及且立即為世界各地的人所

取用。非法下載的人認為選擇性釋出的作法沒有充分理由，於是經常「懲罰」試圖不讓他們立即取得產品的發布者。有人主張，假如需要的素材能以合理的成本輕易取得的話，大家就會更願意付錢。Netflix與Spotify等串流平台的成長，似乎證明上述主張言之成理。

非法下載者給的第二個理由則是以「大公司能承受這種損失」的看法為根據。某些人偷竊已投保物品時，正是抱持類似的立場──蒙受損失的是保險公司而非個人。這種作法也跟「製作數位產品確實是有成本（有時候很高），但複製、散布的成本卻很低」的看法有關。有人因此質疑──比方說，一首歌無須表演者或散布者費多少力也能流傳全世界，那麼這首歌的合理報酬究竟該怎麼算？

然而，這些試圖合理化非法下載的主張，都會在我們把大多數表演者納入考量時不攻自破。只有少數的表演者能賺大錢，其他人則得靠自己的創意工作得到合理報酬才能生活。因此會有人同情表演者的處境，希望他們得到公平的報酬──但要有簡單的方法可以支付給他們才行。

總之，非法下載的人多半都知道自己是在偷竊。假如素材可以透過方便的作法、合理的價格立即取得，他們就比較不會非法下載；假設辦不到，就是釋出這些素材的公司自己活該。最後一點：由於非法下載的人認為被抓到的風險相當低，因此缺乏嚇阻力讓人循規蹈矩。

問題
THE QUESTIONS

在什麼樣的情況下（假如真有的話），以不付錢下載數位素材的方式導致其創造者或所有者得不到合理的酬金，是可以為人所接受的呢？

明確來說：

◆ 假如你以數位產品為收入來源的話，你會作何感想？
◆ 要是有人偷走你部分的酬金，你會有什麼感覺？
◆ 對於自己下載素材的方式，你有辦法在大家面前坦蕩蕩地討論嗎？
◆ 你認為對於數位產品而言，什麼樣的報酬是公平的？
◆ 被人抓到的風險對你的行為有多大影響？

澳洲原住民與特別權利
INDIGENOUS AUSTRALIANS AND SPECIAL RIGHTS

當年歐洲人抵達澳洲時，澳洲原住民已經在這塊土地上住了至少五萬年，期間也發展出貿易路線、永續性的耕作習慣、水產養殖，以及各式各樣的土地所有權與法律。這不是說澳大利亞就是歐洲人用來幻想的那種高貴野蠻人（noble savage）田園風光。澳洲原住民同樣會興戰、採用死刑，以及其他種類的暴力。重點是，無論歐洲人為了自己的目的而發展出哪種擬制（legal fiction），他們當年找到的都不是「terra nullius」——無主地。[16]

　　只消一點想像力，就能從原住民與托雷斯海峽群島民的觀點看清這整個情勢。他們過去住在世界上最美麗、最豐饒的地方之一，難怪當陌生人把土地占為己有時，他們會火冒三丈，也無怪乎會有暴力產生。不列顛人挾優勢火力而來，而且還在不經意間帶了秘密武器——細菌。他們的入侵得到疾病與細菌造成的死亡大力襄助，結果自然是原住民遭到擊敗。原住民的土地被勝利者取走，這種過程在世界各地的非原住民與原住民之間都發生過。

　　假如只是移墾而非入侵，假如戰鬥保持僵局而非不列顛人的壓倒性勝利，澳洲原住民與托雷斯海峽群島民的主權或許就會得到承認，而非被壓在「無主地」的大旗或征服者的慣例之下。

　　儘管事不從人願，澳洲司法體制還是姍姍來遲，承認了原住民的權利並未因為歐洲人的來到而徹底消滅。必須一提的是，類似馬博案（Mabo）[17,]* 等案件中的判決根據其實是不列顛法律

---

[16] 歷史充滿諷刺，來到澳洲的聯合王國人本身也有一段漫長的「被剝奪」歷史——被羅馬人、維京人、諾曼人（也是維京人的一支），以及被他們自己人（英格蘭人對愛爾蘭人，英格蘭人對威爾斯人，英格蘭人對蘇格蘭人）所剝奪。

[17] 見Mabo v Queensland (1992), High Court of Australia, http://www.austlii.edu.au/cgi-bin/sinodisp/au/cases/cth/high_ct/175clr1.html?stem=0&synonyms=0&query=title+%28+%22mabo%22+%29.

* 【譯註】一九八〇年代，以艾迪・馬博（Eddie Mabo）為首的托雷斯海峽群島莫島（Mer Island）原住民與澳洲昆士蘭州政府因原住民土地財產權發生爭議，後者在一九八五年通過《昆士蘭海岸諸島宣告法案》（Queensland Coast Islands Declaratory Act），意在以溯及既往的方式廢止任何可能存在於不列顛人占領澳洲前即存在的原住民財產權（native title right）。一九九二年五月，澳洲最高法院宣判：不列顛人據以將自己的法律體系施行於澳洲的無主地先占

（為澳洲所繼受、發展），而非原住民法律。事實上，有人主張原住民與托雷斯海峽群島民的主權在殖民化與聯邦化之後或許仍然存在，只是像若干特定州法一樣，在跟澳洲國會制定的法律不一致的情況下停止生效（而非廢除）而已。

　　現代澳洲面臨的問題，關係到我們如何最能體認到原住民最早在此居住的事實，並確保他們身為澳洲大陸第一民族（First Peoples）的特殊地位獲得認可。在澳洲憲法中明文規定，同時除去容許種族歧視的條款，是否是最好的作法？還是說，透過條約制定，才是最好的作法？假如制定條約，那麼對象是誰，又要以何種方式進行？（原住民與托雷斯海峽群島民目前有數以百計的政治與文化自治單位，沒有單一的政治體能合法代表所有原住民。）原住民與托雷斯海峽群島民的習慣法應當具有什麼樣的地位？某些案子是否應該適用習慣法？還是說，習慣法與各州與全自治領的法律不一致時，就停止發揮效力？是否應該讓澳洲原住民族擁有其他公民所沒有的特別權利？如果是，這種作法是會導致分裂呢，抑或為歷史錯誤而彌補原住民的必要性作為其理據？適用一套資格不因族群或文化而異的共同權利制度，對我們是否比較好？

原則並不適用於已有居民生活的地方，縱使居民在當時被視為「未開化」亦然。這項正式名稱為《馬博對昆士蘭（第二案）》（Mabo v Queensland (No 2)）的決議在澳洲通稱為「馬博案」，是澳洲首度承認原住民財產權的劃時代里程碑。

問題
THE QUESTIONS

澳洲人來到澳大利亞一事不僅干擾，甚至常常是摧毀了原住民與托雷斯海峽群島民的生活，這一點無庸置疑。該如何回應這個事實，而這又會帶來什麼影響？承認原住民「先到」就夠了嗎，抑或還有更深刻的公義問題需要解決？

明確來說：

◆ 「最早開墾」的事實是否附帶特殊權利？

◆ 剝奪（通常是透過暴力）造成的損失是否應該獲得合理補償？「剝奪」只不過是「偷竊」的另一個同義詞嗎？一旦國家與整個民族牽涉其中，是否就不適用與個人偷竊行為相關的法律？

◆ 與原住民和托雷斯海峽群島民的最終和解（final reconciliation），是否就代表是個難得的契機，讓所有澳洲人如澳洲原住民所深信的那樣，成為這塊大陸完整歷史的一部分？

◆ 非原住民在講述原住民的經歷時，應該運用道德想像力到什麼程度（原住民講述非原住民經歷時亦然）？

◆ 若干人所獨有的特殊權利是否符合平權的觀念？我們還會在什麼情況下，提供並非整體社會都擁有的特權；比方說，讓神職人員及其所屬的教會享有特權？

網路約會
INTERNET DATING

　　我記得當我第一次開口邀女生跟我一起約會時，感覺有多恐慌。其實呢，我記得自己是被幾個所謂的好兄弟「綁架」──他們威脅我，除非我打給某個女孩，邀她出去，不然就不放我回當時住的學校宿舍。不是打電話，就是等著在學校受罰。兩害相權取其輕，我就打給那個女生了。「一通『詭異』的電話」就是最貼切的描述。我願意為了網路相對的匿名性付出一切，在網路上，你可以輕鬆跨出去，又不會過於曝光。

　　當然，這是網路好的一面──而且你現在可能遇到的人也大幅增加。壞的一面則有假身分（「交友詐騙」）、掠奪行為（更嚴重的「交友詐騙」），而且人家可能根本不在乎關係，畢竟現在要在網路上建立或拋下一段關係都比以前更容易。另外還有阿什利・麥迪遜（Ashley Madison）*現象，已婚男女紛紛受到「人

---

*【譯註】「阿什利・麥迪遜」是加拿大線上約會與社交網站，為已婚者或處於關係中的人提供婚外約會服務。名稱由來取自北美洲最常見的女子名。

生苦短，行樂及時」的慫恿。最後則是不太像約會網站，比較像「約炮」網站的Tinder，在上面發展持續關係的可能性遠遠比不上更立即──而且更原始的目標。

有些人完全不打算讓他們的關係發展超過網路階段（沒有真實見面的「遠距」性愛也包括在內），跳進一段「實體」關係。有些人則是在線上墜入情海，見面，此後過著幸福快樂的生活。

如果你打算透過網路，期待展開一段關係的話，也絕不要把你的姓氏、電子信箱、地址或任何身分資訊告訴相對陌生的人。另外，要是你正計畫與某人初次見面，記得讓其他人知道你要去哪裡，以及預計離開的時間。

問題
THE QUESTIONS

網路約會有沒有可能是場騙局，就像「席哈諾效應」（Cyrano effect）的例子──文采豐富的寫手能利用跟假身分相連的「真感情」來引誘某人？往好處想，事情頂多尷尬或丟臉；但往壞處想，就可能很危險，尤其是色狼透過這種手法來挑選潛在被害人時。

明確來說：

◆ 你誠實嗎──對自己誠實，也對線上的其他人誠實？
◆ 你基於什麼理由相信自己在網路上遇到的人？你會採取什麼步驟以建立信任？
◆ 你的行動是否與「建立安全、可靠的網路環境」相符合？

你會「戳破」行為不當的他人嗎？

◆ 假如你所尊敬、崇拜的人知道你的所作所為，你是否會開心？

◆ 你在線上待人時，是否會表現出有如面對面時的體貼？抑或是你為了一己之私而利用網路的相對匿名性——讓別人承擔代價？

開玩笑
JOKES

我過境新加坡樟宜機場時，不期然間碰上一場多元文化聚會。我看到的情況是，一群來自各個不同宗教、文化與族群團體的人齊聚一堂，享受時光。儘管彼此不同，他們仍然在人類最根本也最能讓人放下戒心的行為下凝聚在一起——笑聲。他們排排坐著，對共同的資訊來源產生反應——電視螢幕正在播映羅溫‧阿特金森（Rowan Atkinson）演的《豆豆秀》（*Mr Bean*）。

阿特金森的幽默多半是以啞劇形式表現，因此不存在語言障礙。這群人在豆豆先生身上看到的，是每個人都有可能犯的傻。笑聲充滿了整個空間。更有甚者，阿特金森的創作中完全沒有惡意或噁心的成分。這跟以取笑他人為樂的那種幽默完全不同。有時候當這種幽默指向位高權重的人時，是能給社會帶來一劑清涼的：若要對付獨裁者與其他試圖透過恐懼或威嚇來統治的人，諷刺就是一件非常有力的武器。所有極權政權都像害怕革命一樣害怕嘲笑；事實上，這兩者常常有同等的力量。

但也有人把玩笑開在邊緣人或無助者身上，而效果是毀滅性的。有些人會拿脆弱的人開玩笑，目標若非他們的族群出身、性別、性向、體態，就是其語言能力。一旦受人質疑，這些人就拿「不過是個玩笑」當藉口。問題是，在玩笑中成為笑柄的人在情況中無法發聲：他們只能眼睜睜被利用於自我抬舉與娛樂他人。有些人只能吞下這種羞辱，假裝毫不在意，但不痛不癢的表象下可能隱藏著深深的傷痕。

拿自己取笑就不一樣了。我們都有權這麼做。有些玩笑——黑色幽默或怨念幽默（gallows humour）——讓人能承受難受的時刻，尤其是當這種玩笑代表受苦之人間的一種團結時。這跟試圖把他人的苦痛化為自利的機會、試圖成為注意力的焦點、試圖在他人眼中有好形象的作法是不一樣的。後面幾種叫作剝削。

如此說來，假如我們碰到有人開種族歧視或性別歧視的玩笑時，我們有什麼義務呢？我們要視而不見嗎？我們要參一腳嗎？我們要質疑那個開玩笑的人嗎？講法律的話，我們是沒有義務要介入沒錯；這一點留待個人選擇，取決於他們覺得自己有多勇敢，以及要是發聲的話，會不會面臨危險。然而我們得記得：一旦好人什麼都不做，壞事就可能發生。[18]對於是否要對某個玩笑報以笑聲，我們每個人至少都得做有良心的決定。

---

[18] 常常有人引用據稱埃德蒙・伯克（Edmund Burke）說過的話，「邪惡得勝的唯一條件就只要好人袖手旁觀，邪惡就能得勝。」但他是否說過這話，卻很有爭議。如果他沒說過，那這就多虧英格蘭肯特的 R・穆瑞・海斯洛普閣下（Sir R Murray Hyslop of Kent）了，是他在一九二〇年明確地把這種深刻的見解歸功於伯克。

問題
THE QUESTIONS

幽默的合宜邊界為何？如果我們致力於追求言論自由的話，那我們該在哪裡設下給自己的界限？

明確來說：

◆ 這玩笑是要我們與他人同笑，還是嘲笑他人？

◆ 玩笑的笑柄對這種運用幽默的方式會作何感想？他們是否正受人剝削？

◆ 被人取笑的那個人是否是幽默合理的目標──例如某個握有不正當權力的人？

◆ 假如被人取笑，你會作何感想？

◆ 這種形式的幽默對別人來說是否是不合理的負擔？

◆ 這種玩笑是否跟你自己的理念一致，跟你想成為的、最正面的自己一致？

◆ 假如笑話裡有不該開的玩笑，應該要加以質疑嗎？是讓別人來挑戰，還是你自己來挑戰？有什麼風險？就算質疑不該開的玩笑是種「英勇」行為，但你可以不必讓自己受到傷害。

合法用藥
LEGALISING DRUGS

　　「澄明的心智」與「改變心智狀態的能力」始終讓人類著迷。有人認為人類的意識與理性是大自然頂尖的成就，若非神聖的天賦，就是演化的產物。「改變腦中化學成分，進而改變心智內容的能力」──這種想法讓某些人坐立難安。頭腦比較清醒的人受到倫理框架約束，一旦藥物促使人性本能中的黑暗面脫韁而出（尤其是暴力不再受倫理框架束縛時）就更是令人擔憂。此外，對於藥物上癮的恐懼、其他型態的心理疾病與致幻物質都可以視為對個人自主的侵犯。

　　即便如此，上層社會的人還是常常使用藥物（或許是相信自己更有能力以負責的態度使用之），同時禁止供應給老百姓。比方說一九二〇年代，美國禁酒令的始作俑者自己就會酗酒。同樣的現象也發生在不列顛貴族之間，他們關閉了惡名昭彰的「琴酒吧」，自己卻開懷暢飲大量的葡萄酒。這些控制的舉動泰半受到某種「道德恐慌」所驅使，而且常常跟「『下層人』逾越分際」的偏見有關。這種恐慌隨後轉變成法律與秩序的難題，就像近年來發生的所謂「毒品戰爭」。

　　不過，大量的醫學證據顯示，我們最好從健康角度來理解與用藥有關的風險。更有甚者，公正的專家意見也認為從法律與秩序的觀點來處理這種風險，註定是一場所費不貲的失敗。

　　人們不時會把特定的藥物貼上「對個人與社會特別危險」的標籤。大麻與古柯鹼早已榜上有名，而目前最新進榜的則是

結晶甲基安非他命（crystal methamphetamine），又名「冰毒」
（ice）。雪梨聖文森醫院（St Vincent's Hospital）的醫生亞列克・
沃達克（Alex Wodak）便表示：

> 甲基安非他命與右旋安非他命（dexamphetamine）非常
> 類似。美國的醫生可以開立這兩種藥物作為處方（但澳洲醫
> 生只能開右旋安非他命）。在澳洲，百分之七十使用甲基安
> 非他命的人一個月服用不到一次。

不是每個人吃了冰毒都會變得暴戾或精神錯亂。他們生活
的環境有很大影響。沃達克醫師提到，「多數研究都是在美國進
行，而這些研究在社會與經濟因素上都有盲點（貧窮、幼年創
傷、失業、教育不足）。」

這不是說冰毒應該合法化。比較好的作法是建立受管制的市
場，從比較不會對施用者造成問題的藥物開始做起。這等於是選
擇比較輕的傷害，在受控制的情況下取得比較弱的刺激物，能夠
減少對強效替代品的需求，進而限制藥頭因藥癮而獲益的機會。

最後還有一點：人們發現，曾經被視為危險物質的藥物只要
經過用藥監督，也能帶來相當的好處；各種麻醉劑與大麻素就是
實例。

問題
THE QUESTIONS

想想看，既然多數的藥物同時具有好與壞的作用，而完全禁

止的作法不僅從未成功，對於控制組織犯罪也沒有多大用途——乾脆讓所有藥品合法化，讓藥品在受到用藥監督的情況下取得，並且／或是透過管制市場（類似酒精與菸品銷售的管制），豈不是最好的作法？

明確來說：

◆ 所謂的「毒品戰爭」是否真的是場失敗？什麼樣的證據才能為這個問題提供一勞永逸的解答？

◆ 娛樂用藥是否是個人自由問題？

◆ 社會如何照顧因用藥而對無辜第三方所造成的傷害？

◆ 有些藥品有潛在的致死效果（例如酒品與菸品），卻能合法取得，但其他的藥品則否。對於這個事實，我們應該如何理解？這樣的分野是否有合理的根據？

◆ 為所有藥品廣開大門，能讓整體社會對用藥更加負責嗎？

◆ 有沒有哪些藥品實在太危險，不該讓人接觸？該由誰來決定？根據何種證據決定？

◆ 假如你明天就能針對合法化的問題參與投票，你會怎麼投？

◆ 假如藥品合法化，藥品的取得該有什麼樣的年齡限制？

◆ 只要用藥有限制，就需要警方參與，那為何不乾脆打安全牌，全面禁止施用？

◆ 假如藥品合法化，經營黑市的人應該受到什麼懲罰？

◆ 為了讓劣質藥品造成的傷害減到最小，是否應該廣為設置免費的測試機構，對所有藥品進行測試？

說謊
LYING

　　整體上，人類社會得在開放、信任的條件下才能蓬勃發展。原因是，這樣的社會才能以資訊充分的決策與高度信任為基礎，進行創新與演進。受到管制與監視的體制相對成本更高、更遲緩，效率永遠比不上開放且信任的社會。不過，故意的欺瞞還是有可能在少數情況下發生：

+ 當某人明確表示自己沒有興趣知道真相。
+ 當某人沒有知道真相的合法權利——例如衝突時的敵國間諜。
+ 講真話造成的影響有可能傷害無辜民眾時。

　　有人會反對這些例外。比方說，若干康德主義者堅持無論結果，一定要說真話。不過，康德主義者一般都會接受以下的態度：「格準」要以足夠精確的方式制定，以容許上述例外存在——這不是為了結果，而是為了貫徹義務。

　　關於例外，有一點不容置疑——康德主義者不接受為了自利而撒謊。政府與政黨尤其該警惕在心：他們太常宣稱某事是出於「公共利益」，實際上卻只是為了他們的私利或個人利益而欺瞞。無論是個人之間，還是在整個社會當中，人們都很容易為欺瞞找理由，從而發展出因循心態，不斷把迴避真相視為常態。

問題
THE QUESTIONS

「善意的謊言」通常是指無傷大雅的謊言，而且講了通常是為了避免造成傷害。我們對這個概念都很了解。但假如社會的繁榮終究有賴於「信任」，那還需要去進一步界定在什麼樣的條件下可以說謊嗎？

明確來說：

◆ 你之所以撒謊，主要的原因是自利嗎？比方說，你是否只想規避你行動的後果？

◆ 你非得把謊話說出口嗎？能不能保持緘默就好？

◆ 講「徹底的謊言」跟透過含糊其辭或「意思保留」（mental reservation）的方式講半真半假的話，兩者真的有差異嗎？[19]

◆ 你講真話的意圖是否被其他責任所抵銷——例如避免對他人造成傷害？

◆ 你的立場對別人會有什麼影響？假如你無法為謊言提出理由（比方說因為國家安全），那你是否已有承受汙名的打算？你的行動是以原則為基礎，但要是其他人在不了解你原則的情況下卻仿效你的作法，怎麼辦？

---

[19] Wikipedia (2017), 'Mental reservation', https://en.wikipedia.org/wiki/Mental_reservation.

攤在陽光下

有些人的意見我們會很看重，
唯有我們會因為這些人看到我們做而感到自豪的事情，
才是我們該做的事。

婚姻
MARRIAGE

統計數據顯示，澳洲所有婚姻有百分之三十會以離婚告終，但即便如此，大家還是不停結為連理。無論怎麼說，「婚姻」這種民事制度愈來愈受歡迎，而同性伴侶如今正追求與異性伴侶同樣享有可以結婚的公民權。

不過，結婚（或是締結其他種類的長期承諾）其實是相對簡單的部分，難的是找到你願意給予承諾的人。尋覓伴侶（甚或是女朋友、男朋友）的過程通常充滿出錯、尷尬、拒絕、難過的可能，有時候甚至是直截了當的羞辱。

一旦你潛在的伴侶受到文化或宗教義務的約束，導致選擇的自由受限時，就有可能產生更嚴重的問題。比方說，我父親是受聖公會（Anglican）的教養長大，但他卻愛上了一位羅馬天主教徒。當時，他得保證婚後生下的所有孩子都得受天主教的教育，不然就不能結婚。

所以說，假如一對伴侶的關係被其中一人或兩人的社群視為禁忌時，他們該怎麼辦？有個顯而易見的選擇：他們可以一起開創新生活，跟過去一刀兩斷，而此舉或許會讓他們與家人甚至是朋友疏遠。這種選擇可能會帶來人身安全的風險（兩人皆是），因為某些文化把家族名譽擺在個人的愛情、血緣關係、甚至是當地法律之前。

無論你對於這種信仰、風俗、習慣有什麼看法，叫這對佳偶無視於此、繼續開展其關係，仍然是很魯莽的作法。愛情也許終

究會勝過一切──像莎士比亞在《羅密歐與茱麗葉》裡寫的那樣
──唯有死亡才能帶來和解。

　　這些案例中，環境背景很重要，能屈能伸也很重要。比方
說，有些社群就是比別人更嚴格要求其傳統。有人願意接受改宗
或其他某種形式的妥協。社群的期待能檢驗一對伴侶對彼此的承
諾，方法是揭露他們為了建立某種新的事物──亦即將要浮現的
關係──準備個別或共同放棄過去的身分認同到何種程度。

　　某些文化會透過包辦婚姻（arranged marriage）的方式，來
對付上述挑戰（包括遭到拒絕的風險）。包辦婚姻的可能優點很
明顯。其一，潛在的伴侶可以在明確、非個人的結構中受到評
估，得到接受或拒絕，而不至於有傷害到個人的風險。其二，包
辦婚姻保證能適切「吻合」當地盛行的文化與宗教規範。然而，
這種婚姻也有缺點。兩人有可能被迫結為不適合的伴侶。他們也
許會愛上彼此，但不見得所有人都是這樣。再者，包辦婚姻將會
鞏固嚴格的社會界線，而一個開明、和諧的社會最好不要有這種
僵化的界線。

　　當然，我們遇見或選擇潛在伴侶時，很少會碰上對方的家人
或社群環境明確造成障礙，讓人難以逾越。然而，隨著社會上的
文化益發多元，我們很有可能面臨更多要承認差異、協商差異的
情形。應對差異的關鍵，在於每一個人從自我認知出發，並懷抱
以尊重的態度彼此互動的意願。這不代表你應該一開始就拋棄自
己的信念，而是應該肯定自己，但不急於批判。

　　最後，知道你自己的界限在哪才是關鍵──哪些信念、作
法、價值與原則是你認為不能妥協的，哪怕是為了愛也不行。不

過，最後凱旋而歸的通常還是愛。愛似乎沒有邏輯可言，對文化或宗教界線也不大可能讓步。最根本的倫理問題關係到真誠——你要真誠擁抱另一個人，那人能讓你完整，成為最好的自己。

問題
THE QUESTIONS

你對他人的承諾是否真誠？你希望自己對他們的承諾，既是為了對方，也是為了你自己嗎？他們是否能自由進入婚姻，或是自願做出同等的承諾？

明確來說：

◆ 雙方是否了解、接受求婚所帶來的影響——好壞皆然？
◆ 婚姻構成共同生活的「三分之一」——亦即各自以個人身分過的生活，以及婚姻生活。雙方對於這一點是否必須有所體認與尊重？
◆ 伴侶關係是否平等——縱使可預期的角色相當多元？

心智健康
MENTAL HEALTH

你我擔心的所有疾病中，會對心智健康造成影響的疾病通常最教人恐懼。這是因為影響心智的疾病最終將影響我們的身分感。人類運用記憶，建構出一段從過去到現在的連續故事，從而讓自己的人生有種延續感。想像一下，要是故事中的幾個章節漸

漸消失、扭曲或擺錯順序，你的自我感還會存在嗎？假如你失去分辨真實與想像的能力，生活在這樣一個聽覺或視覺幻覺似乎跟你在這本書上讀到的文字一樣真實的世界，那是什麼樣的生活？抑或想像某一天你醒來，發現自己缺乏下床的動力，看世界時都得透過一條瀰漫著沮喪濃霧的隧道。你看不到任何有形的邊界，於是你開始責怪自己。你對表現的期望愈高，這種內在、個人失敗的感受就愈糟——自殺的風險也愈高。

直到不久前，這樣的恐懼仍然讓社會上的人躲避這些在心智健康方面遭遇困難的人。醫學的進步如今使我們對心理疾病的生理基礎有更多的認識，更多的認識轉而帶來態度的改變——我們現在已經理解，經歷心理疾病的人對於自己的病況所應負的責任，其實並不比經歷身體疾病的人來得多。心理健康不佳正脫離精神病院的陰影，走向現代科學研究與實證政策回應的曙光。

然而，有些潛在的問題仍待解決。我們要如何為「可接受的常態」與「需要治療」劃出邊界？比方說，我們應該在自閉症光譜上的哪個地方畫線，才能承認差異，並領會不同心智特性的人所擁有的稟賦（有時候相當了不起）？我們該如何界定功能障礙？我們真的該讓多數人來訂定標準嗎？要是多數人的尋常與普通讓我們看不出某些個人的特別，那怎麼辦？真的該畫這種界線嗎？有多少天才（其中許多人讓世界變得更好）只不過有點古怪，卻因為社會地位比較低，就得面臨被人當成瘋子關起來的風險？

只要心理健康不佳仍是種禁忌——不舒服、尷尬等感受的源頭——上面這些問題就依舊無法得到回答。我們應該把人的健康

視為跨身體與心智、跨個人與社會的某種整體。

實務上，我們最常面對的困難在於面對心智健康受到威脅或正在衰落的人——常常是我們所愛之人。狀況可能跟憂鬱或失智有關，對照護者帶來的挑戰也不下於身體疾病。我們回應的方式取決於各種實際考量，尤其是相關人等在面對其處境時，同時應對世界的能力。

許多倫理體系的核心都是「個人自主」的概念——做出認知充分、理性的決定，並且在日常生活中加以實踐的能力。這種能力在心理疾病的情況中遭到威脅，從而造成照護者的壓力——有些基本的問題，是每一個人在正常情況下都該自己回答的，但這些問題此時也落入照護者必須做決定的範圍內。負責做出這些實際決定的人得代替他人行動，以照顧這些人利益的方式行使其權力。他們曉得，自己試圖協助的這些個人倘若有自主能力的話，或許會做不一樣的決定。但即便如此，他們還是不得不做有違其意願卻符合其利益的決定。

問題
THE QUESTIONS

我們應如何以身為個人的方式以及整體社會的角度，來回應心理疾病？我們是否應該盡可能累積資源，來發展並支持對心理疾病的治療，一如對癌症等身體疾病的治療？一旦在我們自己或家人、友人、同事的身上遭遇心理疾病時，你我負有什麼樣的個人責任呢？

明確來說：

◆ 我們是否已克服自己對於心理健康不佳的深層、文化性的
恐懼？

◆ 在社群當中，若干心理健康上的差異會不會其實並非負
擔，反而是意想不到的好處？

◆ 一個人若要在社會中盡職，其心理健康需要達到什麼程
度？由誰來判斷？根據何種標準來判斷？

◆ 我們是否以整合性的態度來面對身體與心理健康？心理健
康照護是否合理、完整以及充分的證據為基礎？

◆ 我們對於照顧罹患心理疾病的人，是否也做了如同照顧因
身體疾病而受苦的人一樣的準備？

遷徙與國界
MIGRATION AND NATIONAL BORDERS

你生在哪裡，這多半跟運氣有關。有人生來含金湯匙，有人
並未犯錯，卻暴露在最嚴峻的危險中。自然邊界相對少，而且可
以穿越（山川、海洋等等），因此很難想像生活貧困的人怎麼會
只消跨過一條邊界，就能豐衣足食的這種事。

另一方面，某些人享受的繁榮，通常是透過創造、維繫共同
認同感，以及以永續為基礎來限制自然與社會資源使用所造成的
產物。人口流動的全球開放市場，恐怕會造成所有人陷入貧困。
邊界在全球層面上扮演的角色因此也有其價值。

挑戰在於確保擁有充裕資源的人不會自私地把一切留歸己
用。假如有某種東西的量多於特定人口所能使用，按公平公正的

道理，就該把這些剩餘分享給匱乏的人。假如某些剩餘物品非得前往較富裕國家才能享有，則國界就應該開放。然而，說「國界應該開放」，並不是說國界應該不受管制。推動有序的移民計畫，國家才能繁榮，保持平穩。國內人民了解移民帶來的可能益處，但他們必須對移民過程的管理有足夠信心。有管理，才能確保養得起流入的人口，並維持一貫的社會和諧。

遷徙模式還進一步受到一項因素的影響：人們通常偏好留在「家鄉」，盡可能靠近先人、家人、友人，以及熟悉的自然與文化地景。和平與繁榮的範圍愈廣愈普遍，國界上的壓力就愈小。因此，比較幸運的國家把自己的幸運分享出去，對自己也是有好處。

最後還有一點必須提及——唯有多樣性存在，社會和諧才有可能維持。像澳洲這樣的國家之所以繁榮，就是因為有意招徠形形色色的人到此居住之故。不過，假如這個過程運作良好，每一位公民（無論其出身何方）都必須接受若干共同原則，例如法治。

問題
THE QUESTIONS

一個人的出生地與大致上的人生際遇，泰半跟運氣有關。有鑑於此，我們是否應該為了公平正義而廢除國界？還是說，國界在世界上確實扮演有用的角色——只要能公平管理即可？

明確來說：

◆ 假如你不會知道自己將生於「幸運」還是「不幸運」的國家，你會希望如何處理國界？

◆ 假如國界的存在會傷害到你兒孫輩發展的前景，你會作何感想？

◆ 對於進入類似澳洲這類幸運國家的管理來說，什麼樣的管理才算公平？

◆ 移民應該接受什麼條件，作為維持東道國社會和諧的代價？

◆ 人口永續成長有多重要？如果我們所有人都減少自己的生態足跡（environmental footprint），那麼，像澳洲這樣的國家能不能讓更多人生活？

行動電話禮儀
MOBILE PHONE ETIQUETTE

不久前，我在搭電車前往西雪梨的路上得到電台訪問的機會。我拒絕了。原因很簡單，我認為車上其他人（有正當理由）會把我當成大白痴：你在車廂裡最不想碰到的，就是被某個傢伙對著手機嘮叨的聲音所包圍——但你上廣播節目又不能用氣音。

這就帶出一個更普遍的問題：行動電話已席捲全世界，每一支手機都有傳播各種影片、遊戲與訊息的能耐，不時用來打個電話，但手機的使用應該要有哪些倫理準則呢？

最明顯的現象是——儘管手機非常便利，但要是這項科技本身妨礙了良好的交流，就叫弄巧成拙。重點是把注意力擺在你原

本要交流的人身上才對。我也掉進了行動裝置設下的陷阱。就算沒有發出噪音，光是行動裝置存在本身就會擾亂注意力。即時資訊與即時聯絡實在太有魅力，一下子就會讓你忘記當下的立即現實。結果是，房間裡面或坐在桌前、火車上的是「影子版本」的你，而真正的你（至少有一部分）是在別的地方。

有些人利用這種「影子自我」的概念，當作避免困難處境的作法。最糟糕的例子就如某些故事中，有人因為缺乏面對對方的勇氣，於是傳簡訊來結束親密關係。我知道人們以前會用寫信來分手，但這通常是因為不得不然（比方說住得很遠），而不是因為選擇。無論科技水準如何，尊重與同理的問題依然存在。

最後，當別人在講話時，還是有些情況是可以接受使用行動裝置的。我記得有一回在跟一群人講話，他們似乎全神貫注於自己的行動裝置，這讓我有點火大，直到我了解他們是在搜尋與我所提出的論點有關的資訊。至少他們是這樣告訴我的。

問題
THE QUESTIONS

當你使用行動科技時，是否有尊重他人與其需求——對安靜、交流與尊重的需求？

明確來說：

◆ 你用行動裝置的場合是否合適？是否有在當下、當場使用的理由？你使用裝置，對於其他有合理權利不受其干擾的人來說，是否有負面影響？

◆ 你對行動裝置的使用是否會創造出影子自我——分心且抽
　離？跟你在一起的人是否能合理期待你人身心都在現場？

◆ 你是否拿你的行動裝置當擋箭牌，以避免你本應面對的不
　愉快時刻？

◆ 你是否用你的行動裝置當作傷害他人的武器？

◆ 使用裝置對別人尊重嗎？

對朋友的義務
OBLIGATIONS TO FRIENDS

　　世界上有各種類型的「善」（goods），有的可以無限分割，
這就叫作「共善」（common goods），而友誼的「善」就是其中
一種。為了進一步探討這個概念，咱們來想像有個碗，裡面裝了
一百顆巧克力。假如有人拿走五十一顆，就只剩下四十九顆可以
分給房間裡的其他人。我們再想像房間裡有一百人——每個人都
願意交朋友。「其中一人與其他九十九人為友」的事實，並不妨
礙別人做一樣的事情。房間裡的每個人都可以交九十九位朋友。
因此友誼是種共善，所有人都可以平均共享。

　　由於我們所生活的世界受到經濟相關邏輯所主導，認為價值
（value，我們準備支付的價格〔price〕）是供給與需求的函數，
我們因此傾向於低估「友誼」這一類的共善。不過我們每個人都
曉得（透過親身經驗），真正的朋友對你我的人生有著難以估計
的價值。我們還曉得，儘管交朋友的機會無限多，我們這輩子真
正的朋友卻屈指可數。

　　就算你很久沒見到對方，只要一見面，就能從你們分別的地方接續下去，彷彿過去的時間不到一天──你就知道什麼是深厚的友誼。朋友也會在我們有迫切需要的時刻大展身手，必要時更是會突然現身。這種事情通常都舉重若輕，而且絕不會以任何正式協議的形式表現。朋友之間反而有種心照不宣的默契，知道對彼此有特別的義務。以下就是我們對朋友的一些義務：

- 在他們需要我們的時候幫上忙。
- 對彼此坦誠以待，誠實給予建議。
- 視他們的利益先於他人的利益──除非這麼做不符合正義。
- 當對方求助時提供幫助──假如他們的需求顯而易見，就算他們沒問，也要伸出援手。
- 唯有你準備有所付出時才請求他們，這樣才能讓關係有平等與互惠的基礎。
- 為他們甘冒自己個人的風險。

問題
THE QUESTIONS

　　我們如何體認到自己對朋友（而非熟人）有應盡的義務，了解友誼的價值不必來自其難能可貴？

　　明確來說：

- 你是否對於跟「不像你」的人成為朋友保持開放的態度？

或者你只在小圈子裡尋求友誼？

◆ 你是否對自己的朋友抱持接納與誠實的態度？

◆ 你曾經為了自己的好處而利用朋友過嗎？你有沒有讓他們知道你的打算，讓這種情況能為人所接受？

◆ 你視朋友為理所當然嗎？

◆ 有些人的朋友少之又少，這有影響嗎？還是說，這只是人情世故的另一種變化？

別人家的小孩
OTHER PEOPLE'S CHILDREN

有時候會出現小孩身邊沒有父母貼身照顧，或是有其他大人在場盯著他們活動的情況。這時，並非父母的大人就有可能忍不住想插手，或者規定小孩子的行為，甚或是因為他認為不合適的行為而責罵、懲罰小孩。

以大家庭來說，社群中的成年人可能在養育孩子一事上有共通的職責，因此管教小孩不成問題。然而，自從核心家庭蔚然出現後，其他人假如插手管教他們的小孩，父母恐怕會感到被冒犯。一旦父母明確決定不採用自己的父母讓孩提時的他們所經歷過的作法，他們對此反應也會更激烈。

關鍵在於環境——尤其是對於誰有合理的權利涉入其中、影響孩子的生活，大家有共識到什麼程度。比方說，假如你生長的家庭認為養育小孩理所當然是共有的責任，你就比較可能認為管教其他人的小孩是大家都接受的事情。你甚至可能會指望其他成

年人照看你的孩子。假如人人都同意這種義務範圍，那當然好。
然而，一旦有人接受的管教界線範圍比較小，這就可能帶來相當
大的困難。

　　一般認為，家人關係緊密會帶來比較大的干預可能性，但情
況不見得如此。最好的方法反而是找出明確的共識，包括父母希
望自己的孩子學習哪些價值與原則，以及在管教方面的界線為
何。整體上，最保險的作法是直接跟父母溝通。假如他們的孩子
舉止不當，就應該讓父母得知，並負起處理情況的責任。假如他
們不去承擔這樣的角色，可能就會被人歸為「難搞的」朋友或親
戚範圍裡。

　　最後，上述的大原則還有一個例外。假如情況與孩子的健康
與安全有立即關聯，大人就必須干預，即便這麼做有違孩子父母
的意願亦然。

問題
THE QUESTIONS

　　近代西方社會的人傾向於認為小孩是父母的責任。其他文化
中不盡然如此，養育小孩有可能是大家共同的責任。父母也有可
能希望打破舊有模式，將新的價值與原則灌注給孩子；比方說，
他們雖然曾經遭到自己的父母體罰，自己卻拒絕體罰孩子。那
麼，要由誰決定孩子應該接受什麼程度的管教？

　　明確來說：

◆ 你有沒有讓他人照顧過自己的孩子？假如有，你有沒有明

定界線？

◆ 期待他人與你的管教方式一樣，這會不會不公平？比方說，祖父母最出名的就是先溺愛孫兒女……然後再送他們回家。這跟時代是否有部分關係？情況是否嚴重到需要你介入？

◆ 若小孩涉及不可接受的行為，他人是否應該要求其父母解決問題──無論是哪種問題？

◆ 是否應該特別允許孩子活潑吵鬧──畢竟這是當小孩的部分過程？孩子「要乖，少出聲」的時代是否過去了？

◆ 在場的所有大人對於養育小孩是否有一樣的看法？假如答案為否，要如何表明彼此看法的差異？

為人父母：要還是不要？
PARENTHOOD: YES OR NO?

人們多半認為，多數的伴侶總會在某個階段希望有孩子。這一點不只適用於異性戀伴侶，能夠提供穩定家庭生活的同性伴侶亦然。不過，我們也必須了解，某些伴侶無法生兒育女，或是選擇不生小孩。

選擇不生小孩的伴侶常常為自己的選擇援引倫理上的理由──比方說，強烈反對將孩子生在這個許多問題根深柢固的世界上，或者相信這顆行星上已經有太多的人類，不希望讓其情況更加惡化。廣泛且有效的避孕措施，讓不生小孩的決定變成更實際的選項；如今只有在文化或宗教因素使然的情況下，避孕措施才

會不得使用或很少使用。

　　然而對多數想要孩子的人來說，仍然有超越人口水準等等的倫理問題得面對，其中最主要者跟我們是否有能力養育小孩，讓他們在得以充分發展的情況下成長有關。一思及此，就能使我們不得不思考自己是否只是自私——純粹是為了滿足我們自己的需求而想要小孩。但這一切都不代表我們不會因為孩子本身而愛他們，純粹只是因為我們生活在可以選擇是否要生孩子的時代，而我們需要檢證我們的動機。

　　接下來的問題則是要生幾個孩子，以及如何在家人間求得平衡。以我與我太太為例，我們很幸運生了「鴿一對」（pigeon pair）——一個兒子跟一個女兒。我們原本想說可以生四個孩子，但生了兩個就停了，這樣才有信心能應對付出（不只是財務方面的付出），讓他們倆生下來就有最好的開始。不過，我太太跟我都來自更大的家庭（兩邊都有五個小孩），而我倆各自的父母也都應付過來了。

　　最後還有一種令人為難的處境——有些人雖然想生兒育女，卻沒有能力。在過去，他們只得一直膝下無子，或是得透過收養的方式，來成立一個有孩子的家庭。幸虧輔助生育技術（assisted reproductive technologies，例如體外人工受孕〔IVF〕）的發展，如今他們有了其他選擇，讓許多原本不孕的人能生下有自己基因的孩子。

　　有些個人與社群反對使用輔助生育技術，認為這種作法不符合倫理。他們或許主張所有生命都是神的禮物，而人類不應干涉神的工（god's work）。其餘主張的思路則認為胚胎是神聖的，

不應該在IVF之後銷毀，或是認為大自然就是不打算讓特定的人有小孩。這兩種反對的立場都很容易反駁，例如拒絕接受神或是胚胎的「人格」存在，或是接受科學也是神的工的一部分，抑或是提出人類不斷干預自然的事實——比方說動手術或是投藥，都是醫學的常見作法。

　　不過，輔助生育技術對於想要當父母的人來說亦有其代價，而且關係到的不只是錢。這位可能的母親必須參與一段既痛苦又難受的過程，卻無法保證一定能成功懷孕。正因為如此，負責任的IFV計畫都會堅持參與者接受諮商。但有些伴侶就是註定無法養育自己的親生子嗣，必須接受雖然他們自己沒有過錯，卻只能透過收養才能成為父母的事實。他們的遭遇儘管是個人的悲劇，但也提醒了我們所有人：為人父母是種優遇，而非權利。

問題
THE QUESTIONS

在什麼情形下，才有權利接受成為父母的這種優遇呢？
明確來說：

◆ 我們之所以想要小孩的真正動機為何？
◆ 你有能力照顧你打算生的孩子，在生活中為他們提供合理的機會嗎？
◆ 為了成為父母，你願意承擔什麼代價？
◆ 以你個人或是以整體的角度來說，是否有最好不要成為父母的充分理由？

用職場信箱寄個人信件
PERSONAL EMAILS AT WORK

　　有些人工作中從來不用email，或者說少之又少。他們可能是不需要（除非是做客戶服務、製造或維護相關工作），或者甚至是在農場、漁船或鑽井等室外工作。然而有許多人在白天花了相當比例的時間在寫email。有時候也是有必要（或是方便）寄封email，談跟工作無關的事情——比方說寄給情人、小孩的學校、旅行社……名單很長。出於私人原因而使用公司的email系統，這樣合乎倫理嗎？

　　大家以前對於用工作場所的電話也有一樣的問題。答案通常很簡單：合不合倫理，取決於雇主是否允許合理程度的私人使用。Email讓情況變得更複雜些，這多少是因為email服務可以分成兩個部分——負責產生、接收訊息的系統，以及傳遞結果數據流的網路。

　　現代工作場所多半都會納入像「職員能使用其系統收發信件，沒有存取限制」等規定，作為雇聘合約的一部分。儘管影響通常不大，但幾乎不會發生類似「用工作信箱寄私信」的情況，就算信箱只有個人能存取也一樣。

　　試想，雇主需要為了自己的緣故而維護一套email系統，雇員寄個幾封私信所造成的額外成本等同於零。但如果雇員毫無節制隨便使用，網路費用就有可能大幅增加。接下來就會變成「雇員隱私受影響」與「雇主成本考量」之間的權衡。總之還是要看雇主要不要為了因應想用公司系統寄私信的人而制定任何規定，

而雇員則應該遵守這些規定。

問題
THE QUESTIONS

雇員為了私人因素而使用其雇主的email服務，應該有什麼樣的限度？

明確來說：

- 你的雇主對於為私人目的而使用公司email系統是否有任何明確規定？
- 你的雇主是否保有權利能存取所有由公司系統收發的email？
- 使用雇主的email系統輕鬆又方便，但你是否有為此犧牲隱私的準備？
- 你能在你雇主提供的網路上使用自己的個人email信箱嗎？若否，你的雇主是否同意你使用公司的email信箱？以後者來説，雇主對於公司名稱跟你在信裡討論的東西一起出現，會不會不高興？

寵物
PETS

　　大約有百分之六十三的澳洲家庭飼養動物作為寵物。[20]這堪稱全世界最高的寵物飼養率，而貓狗主宰了這個數字。

　　記不得多久之前，動物就已經與人一同生活，住在人類社群之中了。與人同住的動物有些並非自願，假如有機會，牠們寧可自在的走動。其他動物（尤其是狗）則是主動與人為伴，進而發展出一段以相互信任與吸引為基礎的象徵關係。

　　由此來看，我們似乎可以合理認為寵物所有權一定程度符合倫理──只要主人並未虐待，且動物的天性並未受到壓抑。比方說，沒有道理讓大狗住在小公寓，又沒有辦法帶牠去什麼地方跑跑跳跳，活動牠的四隻腳。至於把野生動物當成「戰利品寵物」來養……假如牠們在野外的生存有問題，比較好的作法應該是協助保護牠們的棲地才對。

　　然而，談到育種、擁有動物作伴，還有更多事情需要考慮。許多動物擁有人類喜愛的身體特徵，但這類特徵只不過是繁殖時出現的基因突變，而且是會讓動物受苦、造成不必要痛苦的突變。狗的突變案例最為常見，但貓的世界裡也有一些例子。二〇一二年，RSPCA舉辦了一場科學研討會，獸醫理查・馬里克（Richard Malik）在會上發表的論文便提到蘇格蘭摺耳貓的例子：

---

[20] RSPCA (2016), 'How many pets are there in Australia', RSPCA Australia Knowledgebase, http://kb.rspca.org.au/How-many-pets-are-there-in-Australia_58. html

　　耳殼前摺是蘇格蘭摺耳貓獨有的特色，讓牠們有獨特的外表，許多人覺得特別有魅力。這符合勞倫茲式美感理論（Lorenzian theory of beauty，以得到諾貝爾獎的動物行為學家為名），但也代表只要動物有前視眼與柔軟的耳朵，人們就會覺得牠們的「臉」有吸引力。

　　然而，人們旋即發現若蘇格蘭摺耳貓與其他蘇格蘭摺耳貓交配，許多子代會在生命初期出現嚴重的跛腳症狀。受此影響的貓容易有畸形短腿與生長板放射狀異常。因為上述發現，聯合王國的貓迷協會（Cat Fancy）已禁止其育種。[21]

　　我們為了滿足自己的美感偏好而加諸動物伴侶身上的重負，就是個嚴重的倫理問題。

　　最後還有如何處理不想要或遭棄養寵物的問題。雖然沒有政府調查的數據，但有研究估計在二〇一〇年有將近四十萬隻貓狗被抓進收容所，[22]絕大多數最後都被安樂死。此外，原先有人飼養但如今恢復野性的流浪動物（尤其是貓），以及其他不受控的家庭寵物，對澳洲本土野生動物造成的傷害，也是與此相關的問題。

---

[21] RSPCA (2012), 'Proceedings of the 2012 RSPCA Australia Scientific Seminar', Canberra, https://www.rspca.org.au/sites/default/files/website/The-facts/Science/Scientific-Seminar/2012/SciSem2012-Proceedings.pdf

[22] Getting to Zero (2010), 'Estimated number of dogs and cats abandoned and killed in Australia in 2009/10', http://www.g2z.org.au/pdf/Calculation%20of%20National%20Figures%202009%2010%20incl.%20Healthy%20Treatable.pdf

問題
THE QUESTIONS

　　有些動物似乎很樂於人類與之作伴，就像人類樂於有牠們作伴一樣。牠們可能會選擇與我們同在。然而，動物的生命終究掌握在人類的手上，我們要如何權衡各種互相衝突的利益，並盡到我們的義務呢？

　　明確來說：

- 這隻動物的生活條件能否容許牠健康成長？我是否了解這種動物的天性，以及其特有的身心需求？
- 我是否根據偏好做選擇，結果為動物伴侶造成負擔？有些育種作法創造的目標動物註定會苦於無法避免的遺傳疾病，而我的選擇是否助長了這種作法？
- 我是否願意承擔責任，照顧這隻動物一輩子？
- 我能否管教這隻動物，讓牠不至於對他人或其他物種造成威脅？
- 我是否了解自己為了這隻動物願意花費多少金錢？
- 我是否了解也接受不為動物的特定療程付錢所帶來的後果——多數情況是讓動物的生命終結？

色情素材與賣淫
PORNOGRAPHY AND PROSTITUTION

　　英格蘭哲學家約翰‧史都華‧彌爾這句關於自由與行使權力

原則的知名格言——「唯有以防止他人受到傷害為目的，才能正當將權力以違反其意願的方式施加於開化社會之任何成員身上。」——[23]所談的不只是限制國家權力而已，而是同樣有意應用於個人之間的關係。事實上，這句話本來就是要盡可能延伸，以涵蓋個人自由。任何一種行動只要不會傷害他人（無論這種傷害是否有明文禁止），我們理當能任意為之。

每當談到性與個人親密行為，人們經常會援引這條通則，所謂政府（以及他人）應該「止步於我們臥房以外」的看法就掌握到了這種精神。儘管如此，在賣淫與色情媒材方面，國家卻有一段漫長的干預歷史。我們對於生活中這幾個領域的規範應作何想？

幾千年來，賣淫都是宗教傳統、公共服務與私人市場中的一部分。世人並非一直認為娼妓、交際花、伴遊、性工作者——無論用什麼名稱——個人或其行為不道德。他們曾經受人尊重崇拜。以古羅馬為例，人們覺得拉皮條完全是正常的事。就算娼妓穿不同的服裝，多半也是為了更容易分辨，而不是為了羞辱他們。後來在十五世紀的羅馬，瓦諾莎・德・卡塔內（Vannozza dei Cattanei）以樞機主教羅德里戈・波吉亞（Rodrigo Borgia，後來的教宗亞歷山大六世〔Alexander VI〕）情婦的身分獲得巨大的財富與影響力。卡塔內為波吉亞生了四個孩子，而波吉亞也承認自己是他們四人的父親。

儘管如此，賣淫仍然是人們長期暗中不滿的對象。批評者不

[23] Mill, JS (1975), 'On liberty', *Three Essays*, OUP, Oxford, UK.

斷就各種令人不快或反社會的結果提出警告——性歡娛與愛情的解離、疾病傳染的風險、家庭繼承與財產轉移搞不定……諸如此類。

對於性的描繪也有一段類似的漫長歷史，而且通常跟高雅的藝術和工藝有關。古代希臘人與羅馬人對此都是出了名的擁護，但色情素材事實上甚至早於他們的時代，更是許多東西方文化中的特色。比方說，來自大約兩萬五千年前的「維納斯」小雕像*與岩壁畫就是其中一些最早的圖像。東方藝術（例如印度的《愛經》〔*Kama Sutra*〕）也有類似的色欲系譜，只不過多半跟宗教與靈性相連結而已（維納斯神像亦然）。

關於賣淫與色情素材，核心問題都跟合意（consent）與傷害有關。就算我們是彌爾這一類的自由主義者，你我會認為涉及性工作與色情素材的人（大多數為女性）涉足其中時，其選擇有多大程度出於其自由，且對此有充分認知？這種工作是不是他們在幾種選項中的第一優先？還是說，他們是為了生活必需，或是有藉由受人渴望來提振自尊的需求？抑或是他們是被迫為之？

我們知道大量性工作者是因為沒有選擇才從事性工作，許多人是在一套性奴役體系中遭人販賣與監禁。他們遭到剝削與虐待，經歷的對待常常比動物還糟。然而也有一些性工作者與涉足色情素材製作的人，確實是出於自由選擇從事這項工作。這些人

---

*【譯註】指舊石器時代的小型人形雕像，以女性為主，男性與性別不明者為極少數。多數的維納斯小雕像為小頭、寬臀，腹部、胸部、大腿與女陰誇張突出。雖然製造出來的真正目的不明，但學界一般認為這些雕像有儀式或象徵功能，可能是宗教人物、愛欲藝術或是大母神的代表。

212 為什麼你這樣想，他那樣做？日常倫理學的思辨與解答

人數可能相當少，但他們確實存在。

如果我們想像有這麼樣的一個世界，其中的性勞動與色情素材確實都是在得到參與者的同意下所提供，而且也是在其他人自主同意的情況下受到「消費」的，那社會上的人怎麼會覺得有必要介入呢？

這就讓我們想到彌爾原則的第二個面向——跟他人可能受到的傷害有關。挑戰賣淫與色情素材的批評者所提出的問題，不只是這門產業中真正出於同意而為之的人少之又少的事實，還有對個人與社會造成的傷害。在他們的主張中最主要的，就是性的商品化會損及親密關係，尤其是年輕人之間的親密關係。

研究指出，愈來愈多人（男女皆然）在年紀很輕時便接觸到色情素材，[24]而他們所觀察到的將形塑他們對於體態、正常性行為與男女角色的期待與認知。某些色情素材涉及未經同意的性暴力，這個事實也讓問題更形嚴重：就算內容純粹是「演出」，這種素材仍然有可能讓相關行為正常化，而這是多數社會所試圖避免的。更有甚者，無遠弗屆的網路更是大幅增加了色情素材在社會中的觸及範圍與衝擊。

「性工作與色情素材是否對個人或社會造成傷害」是個與經驗有關的問題。透過研究可以判斷性工作與色情素材是否把人化為性「客體」。假如研究發現這種情況發生，那就是嚴重的倫理問題，因為任何人都不該被當成達到他人目的的手段。與此同

---

[24] 許多研究都有相關的統計調查；例見Oliva, L (2016), 'The impact of porn culture on girls is too big to ignore', *Feminist Current*, 14 December, http://www.feminist-current.com/2016/12/14/impact-porn-culture-girls/.

時，以審慎、預防性的方法來防範傷害於未然，同時為個人自由保留餘地，就是眼下的挑戰。

問題
THE QUESTIONS

「性」多半屬於私事，不該受到他人的介入。然而，提供營利性服務與色情素材就像提供其他商業服務，為的是私人利潤。當審慎思考時，我們是否應該更重視公共利益與原則（例如尊重他人）呢？

明確來說：

◆ 當從事性工作與色情素材的人決定涉足這個領域時，他們的決定自由到什麼程度？你如何知道？

◆ 一旦不確定有沒有合意，我們是否應該做最壞的設想？

◆ 在我們的社會中，究竟怎麼樣算是傷害？我們在評估時是否有充分資訊？偏見在其中扮演什麼角色？

◆ 一旦不確定有沒有傷害，我們是否應該傾向個人自由？

◆ 對於相關問題，我們該向哪兒尋求指引──科學、宗教、當局，還是常識？

◆ 年輕人相對容易受到傷害的事實是否會影響我們的考量？是否應該為了保護他們而採取特別措施？

◆ 假如大多數的參與者決定涉足色情素材或賣淫時，並非出於真正自由的選擇，但仍有少數人是。若在這種情逛下限制少數自由者的選擇，是否公平？

◆ 假如改革有其必要，那麼應該由誰來承擔代價——性工作者、色情創作者，還是他們的客戶？假如市場受到控管，控管本身會帶來比較好的改變嗎？

◆ 科技是否有幫助——比方說，在不影響他人的情況下為合意的成年人「封鎖」相關區域？假如這些措施失效，風險是否會太大？

授權書與訂立遺囑
POWER OF ATTORNEY AND THE MAKING OF WILLS

上千年來，對於自主權的追求——為自己做決定，從而根據決定行動的權利——一直跟個人志向或團體目標有密切的關係。對團體來說（包括整個社會在內），這個概念常常是以自決（self-determination）的方式表現，貫穿於諸如從殖民母國中獨立出來的政治抗爭。對個人來說，尋求的則是個人自主權——這個概念激勵了對於任何事物的追尋，從宗教與政治表達到墮胎的自由皆然。

自主權因此跟自由的概念相連——明確來說，就是一個人有權掌控會影響自己本人的決定。反過來說，這也要求個人有能力做出具備充分認知的決定。「有能力」（competent）通常是用來指一個人有權衡各個論點、理解與評估證據，以及（大致上）能以健全的心智行事。這在某些情況下是不可能的——因為個人受到某種心理疾病所苦，或是因為他們沒有能力直接為自己發言。比方說，一個人有可能陷入昏迷，或是成為永久性植物人，抑或

是在表達了自己的意願並受到尊重之前就死了。

　　有幾種選項能因應這類情形。如果有人預見自己會活著但無法為自己表示意見時，他們可以準備一份「生前遺囑」（living will，亦稱「預立醫護指示」〔advanced care directive〕），以處理可能的醫護問題。這類文件可以為需要代替此人做決定的人提供指引──某些案例則是必須遵守。另一種選擇是給予某人「授權書」（power of attorney），授權他們代自己做決定。當然，將授權書給予另一個人是種信任的舉動：你必須有十足把握，相信獲得書狀的這個人一定會根據你的最佳利益來行動。

　　遺囑（又稱最後遺囑〔last will and testament〕）是一種（最主要）用於指示你的財產在死後應該如何分配的法律文件。遺囑中記載的指示通常（但不一定）會受到尊重。法律通常會要求遺囑中的條文對那些與立遺囑者關係最緊密的人（尤其是家庭成員）能公平以待。家務事最是棘手：每當碰到死後財產重新分配的情況，就會有些家庭被貪婪、嫉妒或遭人排擠與不公平的感受所撕裂。更有甚者，死者不可能強迫生者按照特定的方式行事。你也許想清清楚楚講明你的所有物要如何處置，但這些條件是否會得到承認，則取決於條件本身是否通情達理，也取決於你的受益人以什麼樣的方式來憑弔你。

　　這類事務不只對年紀漸長的人很重要，對於大家庭中年輕得多的成員來說也很重要。關於預立醫護指示、家內資產分配、遺產對孩童的影響……等主題的對話，最好要在所有關係人都能參與相關討論時展開，以避免危急時必然會急遽升高、扭曲判斷力的立即壓力。

問題
THE QUESTIONS

談到授權書時會碰上兩個重要問題。你完全信任你授權的人會完全依你的最大利益而行事嗎？關於那些最佳利益到底是什麼，你自己是否也有充分了解？遺囑則複雜得多，要處理的重點關係到「公平」、「有建設性」，以及忠於你本人信念的必要性。

明確來說：

- 我有沒有讓所有相關人等都清楚了解我的意願，以及我對於我本人利益何在的看法？如果情況允許，我是否已經白紙黑字寫下了我的意願？

- 我是否有充分的理由，能信任那位我打算授予授權書的人？是什麼讓我對於他們將根據我的最佳利益行事抱有信心？

- 以遺囑來說，我對所有相關人等是否公平以待？還是說，明明原諒會是一條比較好的道路，我卻用我的遺囑來「扯平」？

- 在我的近親之外是否還有別人對我有合法的請求權？有沒有應該加以履行的未清償債務或義務呢？

- 我如何能避免造成關係破裂，尤其是我自己的家庭？我的繼承人有沒有能力以最好的方式運用自己繼承到的財產？假如我的孩子已經成年，不需要物品或金錢，則在未經他們同意的情況下把錢留給我的孫子女是否合宜？

◆ 是否有任何跟物品轉移有關的家庭傳統或義務，例如代代相傳的傳家寶？

大眾運輸
PUBLIC TRANSPORT

隨意來去的自由、掌握自己人生的能力、從起點到目的地之間的便利性——這些只是自己開車其中幾個吸引人的地方。事實上，開私家車的魅力之大，常常讓我們無視於成本、汙染與社會衝擊。

時局愈來愈鼓勵我們使用大眾運輸。政府推動大眾運輸，作為疏通車流堵塞、降低負面環境影響的方法。大眾運輸也能提供某種人人都能有的體驗，透過共有的經驗凝聚大家。保險公司也大力擁護大眾運輸：對這些公司來說，理想的世界就是它們收到汽車保費，車子又很少上路，從而降低因為意外索賠而出現的風險。

然而對大多數的公民來說，他們最關心的還是易達性、效率與可靠，以及相對成本。政府可以為了提倡大眾運輸而說破嘴，但要是無法提供高品質、可負擔的服務，民眾對於官員的呼籲只會充耳不聞。

讓公民考慮搭乘大眾運輸工具（如果有的話）也是有充分的倫理原因。試圖成就集體財（collective goods）的政府是值得人們支持的——路上車更少，可以減少汙染，交通少堵塞，就能降低車禍受傷與死亡的風險。但難處在於獲得這些集體財，就必然

失去一些個人自主權，也就是在手持方向盤時實現的那種自主權。

第二個難題是，大眾運輸並非人人都能平等使用。有些公民（通常是社會經濟地位較低的社群）能使用的大眾運輸基礎建設非常不足。對他們來說，車子通常是唯一合理的選擇。從倫理角度看，這也說得過去。日耳曼哲學家伊曼努爾・康德就說「『應該』（ought）蘊含『能夠』（can）」：我們沒有任何義務去做不可能的事。如果沒有大眾運輸可以使用，或是實際效能不彰，則使用私人交通工具就可以接受。當然，在這種情況下，我們仍應以降低我們的作法所造成的負面效應為目標。這就可能需要採用共乘或是開車到轉運站換乘的作法。

上述問題有些或許能透過創新科技來解決。比方說，電力自動車的使用或可降低汙染與意外風險——但會因為真人駕駛被機器人系統取代而喪失自主性。其實，這一類的發展（以及「共享經濟」的進一步發展）可能終將模糊私人與大眾運輸之間的分野。

但就目前來說，已經有愈來愈多通勤族有明確的選擇。

問題
THE QUESTIONS

通勤族在什麼情況下應該選擇大眾運輸？集體利益是否有足夠的價值能證明私人便利性的犧牲是合理的？

明確來說：

◆ 是否有可靠、高效、符合成本效益的大眾運輸型態可用？

◆ 搭乘大眾運輸是否會帶來沉重的負擔，消耗你原本可以有更好用途的寶貴時間？

◆ 你使用大眾運輸所累積的公共利益，其程度是否能補償任何少少的、個人的不方便呢？

◆ 你是否以身作則，搭乘大眾運輸工具？這麼做能否鼓勵他人跟進，從而讓整個體系更切實可行？

◆ 假如人人都盡可能利用大眾運輸到可以抵達的地方，這是不是件好事？

◆ 假如你必須使用私人運輸，你能否透過共乘或某種其他方式，讓私家交通工具發揮更大效能？

撫養孩子
RAISING CHILDREN

儘管人人都承認撫養孩子是人一輩子當中可以投入的最困難也最重要的任務，但養小孩卻沒有準備的過程可言。父母反而多半是從做中學。當然，我們難免受到誘惑，去複製父母養大自己時的經驗，或是向朋友、親人或出版品尋求建議。如果伴侶住得離自己的父母或其他親戚不遠，照顧孩子的工作就可以有人分擔，而這對新手父母也能受益於睿智長者的經驗。

不過，遵照舊有模式不見得是好方法，尤其過往經驗可能包括會傷害小孩的教養形式，或者與當代價值與原則脫節，不符現代社會需求。正因為如此，父母必須對孩子受對待的方式始終保

持批判的觀點。父母用來養育孩子的方法，如果沒有比「我就是這樣給人養大的」或「這就是我們家的作法」更好的根據，那可既不安全，也不負責。教養的責任反而必須以父母自己親身思考過，認為合於孩子最佳利益的作法為基礎。

有些父母最後讓孩子承受非常傷人的作法，從忽視到暴力虐待都有。此舉會讓我們社會中最脆弱的一些人受到嚴重傷害（身體上與情感上皆然），或是對生命的觀點產生扭曲。這種父母的孩子非但無法享受童年，反而還一直受苦到他們設法離家為止——有時候是很漫長的過程。社會不時需要介入，將孩子從父母身邊帶開，交給他人、機構或寄養家庭照顧。雖然證據顯示只要情況允許，最好讓孩子跟自己的父母一同生活，但兩害相權總得取其輕。難過的是，所謂的壞父母鮮少有意傷害自己的孩子：他們大都只是複製自己孩提時的經驗，或是本身為失能狀態所苦，無法打破困住自己生活的惡性循環。也許他們確實是壞父母，但他們已經盡力了。

不過，雖說我們應該照顧自己的孩子，但這話的意思不是說他們必須受保護到無法接觸生活所帶來的每一種危險或機運。我自己的童年經驗讓我暴露在某些非常危險的環境中。我會在本地的灌木林遊蕩，消失好幾個小時。我可以玩「炮仔」，包括惡名昭彰的「轟天雷」———一種威力強大的沖天炮，可以製造壯觀的爆炸。我學會開老卡車、騎馬（與摔下馬）、開福特森（Fordson）拖拉機犁田——而且全都是在我十五歲之前。沒錯，當時跟今天不同。我也知道玩炮很危險，有些小孩子因此失去自己的手指或眼睛，許多地方就是因為這個原因才禁止放煙火的。

但這些危險行為不只是好玩：它們也幫助我變得靈活而有彈性。

現代的孩子面臨不同的要求與不同的危險。對於父母來說，讓孩子遭遇這些阻礙或許很嚇人，而且結局也不見得都是好的。我太太和我很清楚。我們第一次讓兒子自己出門跟朋友聚會時，他被一群小混混圍毆，結果進了醫院，幸好沒有造成永久的傷害。我們很容易因為某種形式的教養焦慮而不放手，但這不是我們能做的決定——我倆反而接受事實，置身於世本來就會有危險不請自來。

另一種考量跟父母把孩子養育得像自己的渴望有關——特別是讓孩子符合父母所屬社群的社交、文化與宗教慣例。這種渴望雖然可以理解，畢竟父母常常希望孩子擁抱、延續他們的傳統，但有時候父母的作法只能用「灌輸」來形容。某些父母非但不是讓孩子體驗他們（指父母）所提供的經驗，然後讓孩子自己決定想過什麼樣的生活，反而是採取（或是允許其他人採取）某些設計來限制孩子自主選擇能力的手法。

一旦走向極端，父母的這種干預還能擴大到強行改變孩子的身體，一如男性或女性割禮的情況。採取或支持這種激進干預作法的父母，多半相信自己這麼做是為了孩子好——比方說，確保小孩完全融入其社群。但是，父母的偏好受到其生活的社群中所施行的普遍準則所限制（這樣也比較適當），而且社會的法律通常也反映出這些準則。正是因為如此，類似澳洲等國家才會禁止女性割禮——也就是一般所說的女陰殘割（female genital mutilation）。

對於養育孩子來說，真正的考驗在於符合小孩的福祉，父母

也因此應以增加（而非限制）孩子的機會為首要之務。從這種觀點來看，諸如忽視、虐待、灌輸和各種無法逆轉的改變將會限制（而非提升）孩子在生命中做出有意義的選擇，因此全都是不合理的。

最後，不時有人表示是否應該設計某種強制性的教育過程，協助即將為人父母的人對扶養孩子的挑戰做好準備。

反對這種作法的主張通常都會訴諸於自由的價值與實際的認知——國家實在沒有立場監督（廣義的）生育。儘管如此，推廣並運用志願性的教育計畫（或許搭配參與獎勵）應該會有相當效果。

問題
THE QUESTIONS

何謂父母養育自己孩子的容許範圍？我們如何在父母以自己（父母的）形象養大小孩的權利，以及小孩保有擘畫自己人生的權利之間取得平衡？

明確來說：

◆ 你是拓展了還是限制了孩子的人生機會？
◆ 孩子必須在社會上找出自己的路，而你對這個社會的本質是否有充分的了解？
◆ 在生兒育女之前與之後，你會運用哪些資源使自己成為更好的人（與父母）——家庭資源、長輩的智慧，諸如此類？

- 你是否在無意間以不加思索的方式複製了你父母的作法？這些作法如今還適合嗎？
- 你保護孩子不受傷害的強烈心態（這很自然）是否不當限制了他們的生命經驗，以及他們學習如何處理危險、在現代社會中應對的機會？
- 你對待孩子的時候，是否當他們是有自己權利的人，或是當他們是財產，抑或是縮小版的你本人？
- 你如何劃分可以接受與不可接受的教養作法？

難民與尋求庇護者
REFUGEES AND ASYLUM SEEKERS

只要有戰爭、壓迫、饑荒與瘟疫，就會有難民與尋求庇護的人。我們能否想像一覺醒來，發現我們原本認識的世界天翻地覆，戰爭取代了和平，迫害傷害了和諧，恐懼撕碎了安全，那是多麼恐怖的事？面對這樣的處境，留在原地等於候著死亡與破壞，逃跑就成了當務之急。拋下了記憶、土地、祖先的長眠之所，也拋下幾乎所有有價值的東西之後，這些被迫逃離的人也會失去自己的身分，端視其處境而成為難民或尋求庇護者大軍的一員。[25]

這個世界在許久之前發展出「庇護」的概念，其中的核心就

---

[25]「難民」（refugee）是得到某國政府根據一九五一年《難民地位公約》（Refugee Convention）所明定的條件給予保護的人。尋求庇護者（asylum seeker）則是尋求避難所或庇護，但尚未獲得保護者。

是「安全」。講得更清楚些，提供庇護或避難所並不代表保證快樂、繁榮，或是更好的新生活，純粹只是代表承認為了活命而逃離的客觀狀態，並提供援助與安全。

但這不代表社會不能或不應提供更多。比方說，有些社會已經成立難民接納計畫，提供的不只是安全而已。更有甚者，它們還大力挹注於相關規畫，旨在幫助難民在新的土地上建立新生活。這種投資有可能是出於對難民的同情，但同情中也有一定程度的自利——證據顯示，難民為東道國社會帶來的價值，通常大於社會為了讓他們融入所做的投資。

被迫離開故鄉的人正不斷增加。有些人選擇離鄉背井是為了追求更繁榮的生活，但絕大多數尋求避難所的人都是出於現實的需要被迫如此。許多人在他們第一個找到的安全地方待了下來，通常是留在設立於激烈衝突地帶旁的難民營裡；他們可能在裡面一待數十年，若非等著敵對態勢結束，就是期盼透過原本的政府和國際計畫得到重新安置。其他人則覺得自己不應該或者不能光等，於是盡其所能，試圖前往潛在的新家園所在地。

正是後者的群體引起全世界的關注，造成某些政治人物與政策制定者的反彈——他們決心既不鼓勵、也不支持這種不合常規的入國模式。反對的原因很多。有些政策是以政治私利計算為基礎：對外人採取強硬態度是可以得到選票的。然而，反對尋求庇護者自由流動也有一些倫理上重要的原因，尤其是對衛生的擔憂，以及擔心有些人會受到人口販子的剝削，安危堪憂——他們收了錢以後，可不管自己的貨是死是活；假如選民覺得政府對邊境失去控制，這樣的擔憂也會導致正式接納的難民人數減少；另

外，也有人認為失序的體制對於按照規定移民的人並不公平。

　　這顯然是個複雜的問題，而真心同情與懷抱善意的人會發現自己站在辯論的不同邊。唯一消弭觀點差異的方式，是回到首要的原則，這意味著重新檢視庇護的目的——也就是提供安全（不多也不少）給那些處境陷入危險的人。這個非常基本的立場讓人能評估特定的政策：這些政策的核心是否為了讓人得以安全？抑或是使人暴露於受到傷害的新風險中？假如是後者，則這種政策便無法通過最基本的正當性檢驗。

　　最後，人們應該了解：在特定的時間生在特定的地方，這本身沒有對錯。純粹是運氣使然，讓某些人得到安全，某些人陷入水深火熱。決定你我命運的竟然是地圖上畫的線——這種看法必須接受質疑。假如氣候變遷導致鄉間或都會地區再也不適人居，造成大規模遷徙的話，難民問題便將成為愈來愈重要的考量點。

問題
THE QUESTIONS

　　假如我們有義務協助陌生人，保護他們免於嚴重的死亡或迫害風險的話，那要協助到什麼程度？

　　明確來說：

◆ 我們能不能運用我們的想像力，為那些生命無緣無故便危在旦夕的人設身處地著想呢？我們有任何充分的理由，以有異於我們在類似處境中可能希望受到對待的方式，來對待這些人嗎？

◆ 世界上不同政黨與政府是否既實際又有原則？

◆「讓安全得到保障」是否是制定政策、提供庇護背後最根本的動機？

◆ 這類問題是否只能透過國際合作加以解決？假如是，各國是否有承擔合理程度的責任？

◆ 我們有沒有能力看透口號與新聞標題，了解特定政策與行動真正的原因，從而預見採取或此或彼的手段時無意間可能造成的影響？

關係瓦解
RELATIONSHIP BREAKDOWNS

不是所有關係都能長長久久。縱使由衷，人們還是可能漸行漸遠。導致關係破裂的可能是一件改變生命的事件，可能是在一個人身上發現此前並不曉得的某些面向，抑或是因為「更好的選擇」出現了。

關係瓦解造成的衝擊程度，會跟問題浮現前投入的時間與深度成比例。比方說，調個情或是一夜情就不會有什麼衝擊，因為雙方對承諾都沒有期待。一旦已經有了承諾或是認為有承諾的話，情況顯然就更艱難了。此外還有對他人的影響，例如小孩。有些人會因此選擇繼續在一起，不見得是為了自己，而是為了他人。他們甚至會決定繼續一起生活，同時有其中一方進入一段新的關係，雙方因此在「繼續投入以維持基本家庭單位」的範圍內給予彼此一定程度的自由。假如對伴侶雙方來說代價不算太大的

話，這也不失為可接受的解方。然而以家庭暴力案例來說，或者要是關係背後的困難造成嚴重的不快樂，那最好就別這麼選擇。

　　幾乎不會有「雙方同時意識到彼此的關係必須結束」這種事發生，因此處理這個情況的責任通常落在其中一造身上。有些人知道說出這件事會讓對方難以承受，自己說不出口，於是裝作沒事繼續下去，活在謊言中。有些人沒有足夠的勇氣面對另一個人，因此搞消失──有時候是真的失蹤，有時候則是封閉自己。還有一些人既懦弱又冷酷，因為無法看著對方的眼睛，於是用傳簡訊或email的方式解決。

　　然而對絕大多數的情況來說，誠實與同理才是最好的選擇。假如能讓對方意識到問題，這段關係或許還能修復，畢竟關係的一開始總是有過「火花」。有可能雙方還需要時間，來克服讓關係受到威脅的那些困難。但也有可能已經沒什麼好說，沒什麼好做，該是時候前進了──可能的話就保持友好與尊重，畢竟曾經有過愛與熱情。

　　重點是在對自己誠實的同時，盡可能將傷害減到最低。這需要勇氣。

問題
THE QUESTIONS

　　關係的結束總是不堪。人們難免希望無視於正在發生的事情，以避免不快。但如果事情已經過了還能挽回的時間點，要如何才能在盡量不傷害對方的情況下結束關係？

　　明確來說：

- 對於關係是否有共同的期待與認知？是希望一直保持隨性而暫時的關係？還是希望是排外獨占的關係？
- 這段關係是否值得為之奮鬥？有重修舊好的可能嗎？
- 假如關係結束，有誰會受到影響？如何保障他們的權益？
- 有沒有妥協的餘地？這段關係非得是零和遊戲嗎？對於雙方來說，有什麼調整會有效果——例如共同分擔角色，或是花更多時間相處？
- 哪些外部因素可能在起作用？這些因素可以解決嗎？
- 這些訊息能如何以誠實與同理的方式表達？

宗教與文化權利
RELIGIOUS AND CULTURAL RIGHTS

　　澳洲是個豐富多元的社會，對「以個人與社會來說何謂好生活」觀點各異的人齊聚於此。當然，上述的所有觀點並非完全相容。事實上，宗教信仰就是建立在對一神（或眾神）本質的「排他性真理」（exclusive-truth）主張上；也就是說，多數宗教主張自己的觀點是正確的，而別人的觀點是錯誤的。歷史不時讓我們了解，戰爭與各種其他人類可憎行為的背後，可能就是宗教的差異。但在最理想的情況下，宗教也能激發出人類若干最偉大的成就——超乎想像、懷抱最深刻同理之情的舉動與成果。然而，人類尚未找出一種海納宗教中所有優點、同時排除令人不快之處的作法。

　　宗教差異常常跟文化問題綁在一起，但兩者仍然有別。文化

先於宗教，宗教本身則是文化的一部分。文化差異同樣能引發衝突——尤其是涉及決定「對人類來說何謂適當行為」的其他方式時。比方說，有些文化允許男性（有時候也允許女性）同時擁有多個性伴侶；某些文化透過會造成痛苦與流血的儀式來表達自我，但其他人卻期期以為不可。儘管這類差異原則上是豐富的泉源，但也能挑起恨意——特別是當文化觀點與習俗不同的人為同一種有限資源競爭時。

　　西方社會遭遇過上面所有問題，然後才在十八世紀歐洲啟蒙期間，為重大的宗教與文化衝突找到解決方法。啟蒙時代最主要的創舉就是建立世俗國家（secular state），以法治管理所有人民。世俗國家並不敵對宗教，而是不置可否，既不優遇也不迫害宗教信仰，僅僅要求每一個人（無論其宗教或文化）都要遵守為所有人而制定的法律。各種形式的民主政體向來是世人偏好的政府形式，因為民主政體向來適於人們透過和平的手段，調停意見的差異。這些創新概念的結果之一，就是讓不同（有時甚至是彼此競爭的）文化與宗教的人能以相對和諧的方式一起生活。

　　世俗自由民主制度並非一蹴可幾，也並未臻至完美，而是經過幾世紀的演變，透過實踐，透過一大群哲學家針對特定的政治、倫理與經濟議題探討的成果，才得以愈來愈開明。

　　但不時會有某些群體表示世俗社會的法律和他們的宗教信仰與習俗不符，並主張信仰自由（多數世俗自由民主國家都會捍衛的事物）不能受到國家的限制。捍衛世俗自由民主體制的人多半都會同意「信仰不應受到限制」。然而，某些文化與宗教群體所追求的卻不只是信仰上的自由：他們希望藉由從事特定的習俗，

讓他們的信仰發揮實際作用。比方說，縱使別人主張割禮是某種形式的摧殘，但某些文化群體仍保有讓小孩行割禮的權利；有些宗教團體將特定的人拒於大門之外，例如與他們信仰不同的人，或是生活方式被他們譴責為不道德的人。

正是這種化信念為實際的作法造成最大的困難，社會所面臨的挑戰，也變成在「整體公民的權利」與「文化或宗教及其擁護者的權利」求得平衡。一般而論，世俗社會樂於允許讓文化與宗教習俗實施在有能力自由選擇的成人身上，或者假如這些習俗不會造成根本性的傷害或不至於無法逆轉的話，那也可以實施在孩子身上。世俗社會因此並不情願將某種適用於整體社會的特殊地位賦予文化或宗教習俗，也不願接受以相關信仰作為限制任何人公民自由的充分理由（縱使那人正好是特定文化或信仰群體中公認的成員亦然）。也就是說，國家通常會提供公開的保護，對抗強加的私人信仰，運用法律作為判斷何者合宜的基礎。有鑑於此，某些宗教與文化團體會尋求對於法律施用的特殊豁免權，範圍可能是整個社會，也可能是特定的脈絡（例如這些團體組織的所在地）。

我們必須意識到，會為所有文化與宗教提供「公平比賽場地」的社會少之又少。比方說，澳洲人的生活向來受到猶太教─基督教傳統影響，而且影響的方式或多或少很理所當然。然而，對澳洲這類國家來說還有一個更深刻的問題。啟蒙解方或許適合作為一種政治框架，用於處理歐洲拓墾殖民地到來之後的宗教與文化問題，但澳洲原住民與托雷斯海峽群島民他們更古老的傳統呢？早在歐洲人到來之前，他們的習俗便已經發展超過數千年，

憑什麼讓他們受到後來者的觀點所制約？

　　後面這個問題相當重要，尤其是情勢涉及習慣法的施行時。當英格蘭人將今日澳洲的所有權從其原住民身上搶奪過來時（必要時會動武），他們是將一種制度強加在許多種制度之上，同時強迫那些未曾同意遭某個外來政權併吞的人們受其控制。這種情況跟所有後續來到澳洲的移民完全不同，後者來的時候都很清楚自己將受到澳洲法律所管轄。

問題
THE QUESTIONS

　　當公民透過日常習俗表達其宗教與文化信念時，世俗自由民主國家應該允許到何種程度？

　　明確來說：

- ◆ 澳洲原住民與托雷斯海峽群島民的傳統文化風俗，是否應該得到特別的許可？
- ◆ 宗教與文化信念的表達，是否應限於私人場所？
- ◆ 澳洲是否應該學習類似法國等國家的例子，試圖禁止公立學校中出現宗教象徵？
- ◆ 基本的公民權（例如不受歧視的權利）是否應該落實在各種情況中──甚至是受宗教與文化組織控制的環境中？

獎勵孩子
REWARDING CHILDREN

處罰有可能約束孩子的行為，獎勵的承諾也是——至少短期如此。後者聽起來似乎無傷大雅，而我也得坦承過去曾經賄賂過我的孩子。當然，我可以試著用比較容易接受的說法，像是「提供誘因」來描述我的行為。但事實擺在眼前——有時候為了追求寧靜的生活，恰到好處的賄賂似乎算是兩害相權取其輕。自有記憶以來，我從未訴諸金錢（還是其實是我選擇性記憶？），但我確實記得涉及食物（比方說冰淇淋跟漢堡）和機會（通常是做某些本來受到限制的事情）的賄賂。

關於讚許和獎勵優良行為，有件事情必須說清楚。讚美的話、金錢獎勵或是意料之外的一球冰淇淋，都能對強化優良行為帶來不俗的效果。理想的話，孩子最終將會自發做好事；但事實上，讓他們在沒有獎勵可期的情況下學習做好事，才是關鍵。只要孩子出於正確的原因做正確的事，一點額外的讚美與獎勵並無不可。真正要避免的是讓孩子變得以為表現好的主要（或是唯一）原因是為了獎賞。

至於什麼算是好的獎勵，既然我們如今對於反式脂肪與精製糖等食品的風險已略知一二，或許就應該把甜食跟速食從可能的獎勵清單中劃掉。通常光是認可與誇獎便已足矣。至於我自己的話，我似乎總在試圖避免不好的行為——而且是用有爭議的手段——而非獎勵好的行為。

問題
THE QUESTIONS

我們要如何確保孩子不會會錯意——尤其是讓他們得出只有在可能有獎賞或是其他好處的時候，才應該行為良好的結論？

明確來說：

◆ 你是獎勵優良行為，還是試圖避免不良行為？
◆ 你提議的獎勵性質是否合宜——健康、符合情況所需等等？
◆ 你對於自己的孩子是否有信心，知道他們不會觀察你的行為卻得出錯誤的結論？
◆ 假如你不是孩子的父母，你是否得到父母允許獎勵這個孩子？你跟這個孩子的關係是否適合讓你採取獎勵行動？

談戀愛與一夜情
ROMANCE VERSUS CASUAL ENCOUNTERS

據說亞奎丹的艾莉諾（Eleanor of Aquitaine）*堅守「宮廷之愛」（courtly love）的理想——這是一種不求回報、無性之愛的浪漫理想，騎士會為了獲得貴族女子的芳心而參加長矛對決與求愛，而這位貴族女子卻鮮少會承認騎士的存在。也有人說，宮廷

---

*【譯註】十二世紀的亞奎丹女公爵，曾先後與法王路易七世和英王亨利二世成婚。

之愛只不過是艾莉諾別出心裁的方法，用來控制城堡裡那一大票精蟲衝腦、迫不及待跟任何他們碰得到的女子上床的流氓（以騎士形象加以美化）。或許這種說法太憤世嫉俗了；或許真有這種浪漫理想存在。無論真實情況為何，從此之後社會上一直都有戀愛關係與一夜情的存在。以前者來說，關注的焦點通常是整個人──身、心與情感皆然，而要面臨的挑戰則是確保某人的喜愛能歷久不衰，以某種形式持續下去。相形之下，一夜情通常只是肉欲的產物，是一種肉體上的吸引力，除了滿足欲望本身之外別無目的。

　　一旦這兩種關係的性質變得混淆，尤其是一方期待愛情，而另一方只是受到赤裸裸的欲望所驅使時，就會出現問題。肉欲就像大多數的「罪」（vices），會抵抗哪怕是個人甚或是社會的理智掌控，而且經常讓人為之大皺眉頭。此外還有現實問題：肉欲很容易造成意外懷孕，性病就更別提了。在過去，意外懷孕會對財產、地位與社會的有序發展帶來威脅。無怪乎像亞奎丹的艾莉諾這樣的統治者會尋求教會的幫助──不只是透過「宮廷之愛」的理想，還透過「罪的工價」＊（wages of sin）這種懲罰威脅來控制欲望。

　　現代社會不太關心像公共秩序這類的問題，尤其畢竟有效的避孕措施俯拾皆是。如今對社會來說，合意的成年人之間的露水關係實在不會帶來什麼風險；約炮的問題多半跟個人道德有關，

＊【譯註】指死亡。典出新約聖經《羅馬書》六章二十三節：「因為罪的工價乃是死，唯有神的恩賜，在我們的主基督耶穌裡乃是永生。」

至於自我克制、守貞等觀念則是個人選擇，以及個人人格的某種
指標。有鑑於此，某些人才會認為浪漫關係比較可取──因為需
要時間與雙方的投入，而且關係到整個人，不只是雙方的原始衝
動而已。

問題
THE QUESTIONS

這終究還是個人選擇問題。你是選擇在更有挑戰的浪漫關係
前景中投資，還是選擇純粹享受休閒性行為的滿足──自由地
給，自由地受，無須任何持續性的義務？對某些人來說，這樣可
能就足夠了──至少當下是。

明確來說：

◆ 雙方的期待是否相同？你怎麼知道？

◆ 會不會有意料之外的後果──包括你先前沒有考慮過的長
期義務？

◆ 有人看起來並不在乎，但實際上你只要做了他們其實只是
表面支持的事情，就會譴責你。你是否暴露在這類的指指
點點中呢？女性尤其會碰到這種問題，遭遇來自其他女性
的「蕩婦羞辱」（slut shaming）。

◆ 你願意承受談戀愛的「代價」嗎？在戀愛中，你會更不設
防，也因此會發現自己可能更難面對拒絕。

◆ 你在乎保持自我控制嗎？你對貞節（或是對那些你最重視
的價值）的看法是否與你打算做的事情一致？

校務基金與學費
SCHOOL FUNDING AND FEES

　　誰的孩子都不比另一個人的孩子更高貴，我們生在特定家庭的這個事實也純粹是運氣使然。這麼說來，我們難道不是該確保每個孩子都能接受同等品質的教育嗎？

　　私立學校有其目的，尤其是它們滿足了某些希望自己的孩子能浸淫在特定氣息中的人。儘管如此，讓孩子從公立學校體系轉往私立學校的原因，不該只是家長相信私校能提供更好的教育。不過，此刻的挑戰並非試圖關閉所有私立學校，而是在於確保公立學校有足夠的基金與資源。如此一來，縱使在相對匱乏的情況下，公立學校的水準也能比肩，甚或是超越私立學校所能提供的最好教育。

　　家長關於學校的決定，必然會反映他們個人的境況、對孩子的認知，以及對於孩子在社會上發展的期待。不過，當做出這樣的決定時，還有更廣泛的社會面向需要納入考量，此外也有義務確保家長為自己的孩子所做的決定，不會妨礙其餘孩子。這句話的意思不是說我們對別人的孩子也有義務。關鍵反而在於思考：如果在沒有任何合理根據的情況下，一個人憑什麼犧牲其他人來得到優勢。

　　還有一件需要思考的大事──讓孩子在有差異、且有時彼此競爭的教育體系中成長，會為社會帶來什麼潛在的代價？競爭也有良性的競爭，尤其是當競爭確實開誠布公的時候。但如果孩子的成長經驗有重大差異時，社會是否會因此遭到削弱呢？

最後，我們也必須認知到：許多家長為了讓小孩讀私校，做了非常大的犧牲。這些家長本意或許不在於承擔部分公基金教育的重負，但結果確實如此。假如私校不存在，政府的教育支出將一飛沖天。

問題
THE QUESTIONS

在什麼樣的情況下，人們才有將孩子送去私校就讀的自由？公立與私立教學是否能以對所有相關人士皆公平的方式同時存在？假如孩子們在不同的群體中受教育，是否會讓社會蒙受損害？

明確來說：

◆ 以讓孩子就讀私校的家長來說，他們的購買力是否會造成不公平的優勢？

◆ 如何讓就讀公立學校的學生享有與就讀私立學校的學生同等的教育優勢？

◆ 你的孩子就讀私立學校，是否有與校風、宗教等等有關的充分理由？那些潛在的優勢真的存在嗎？

◆ 一旦談到整體教育成本，就讀私校的父母是承擔太少還是太多？

◆ 假如禁止私校成立，社會會更進步嗎？反過來說，假如學校盡數私有化，社會會不會更進步？

科學與技術
SCIENCE AND TECHNOLOGY

　　固然有人認為「無知便是福」，但對科學與技術完全無知的人，卻大有可能因為世事變化的步調之快與方向之劇烈而被擠著走，對自己的生活方向沒有多少發言權。掌握知識的人終將掌握社會，這一點始終不變。這正是長期以來社會上層限制他人受教管道的原因。權力一度屬於精通神學、法律、修辭學與語言等學科的人身上，不過自文藝復興以降，權威漸漸歸於精通各種科學學科，將科學知識轉變為實用技術的人，而這也讓從醫學到農業、軍事、建築設計等實作領域產生變革。

　　科學與技術的影響力似乎正變得益發深遠，無遠弗屆。諸如人工智慧與機器人、基因編輯與創造「人造生命」（synthetic life）等發展，將徹底轉變人類社會，甚至有影響所有生靈的潛力。

　　一思及此，怎麼還會有人選擇連最起碼的科學與技術知識都不去了解呢？我們不見得擁有高深的專業，但何必一無所知？人

們曾經找到透過學習拉丁文（後來則是英文）而在世上有所成就的方法，既然如此，我們如今是否應該學習其中一種電腦程式語言，免得完全仰賴他人？

這倒不是說我們只要懂科學就好，別的不懂也沒關係——學習其他理解世界的方式也一樣重要。其實，鑽研科學的人也應該以擁有寬廣眼界為目標，尤其應該培養「倫理素養」，以確保他們能在負責任且有規範的情況下運用科學與技術。

問題
THE QUESTIONS

假如希望有能力對自己的生活做出清楚的決定，認識自己生活其中的社會之本質，會不會有幾種知識是人人都應該熟悉的？

明確來說：

◆ 你的世界有多少是受到科學與技術所形塑？

◆ 若沒有對科學與技術最起碼的認識，你還能維持獨立的判斷與行動嗎？

◆ 政府是否應該讓每一位公民無論年紀，都能更容易獲得這些基礎知識？

◆ 我們每個人是否都能充分運用網路上找得到的免費學習資源？這些素材的普及是否關乎數位正義？

訂公道價
SETTING A FAIR PRICE

最理想的情況中，市場理應讓價值（value，通常是體現於各種商品與服務中）得以自由交換，而交換的價格（price）則透過開放的協商過程而定。而這種理想的情況，則是以「買家與賣家皆有充分資訊」的假設為基礎——不僅知道其他人對同樣的商品與服務如何訂價，也知道所銷售的事物質量如何。這套運作方式進一步假定各方都有同等的選擇自由，其中沒有強迫，也沒有欺瞞。假如上述的理想條件都能達成，理論上雙方同意的價格就等於「公道」價；也就是說，獨立不受影響、讓人能引以為根據的「公道」標準並不存在。在公平的過程中達成一致的，就是標準。

這個嘛，只是理論。現實常常跟理論不同。比方說，我們老是聽到強大的通路堅持以生產者知道會不敷成本的價格為進價，簡直就像拿槍指著供應者的頭一樣。具有政治意圖的活動——常常跟資產有餘但現金不足的農民有關——不時會放大這種作法造成的影響。（民眾似乎比較不關心小型製造業者、小店東等資產與現金皆不足的人，至於事情何以致此，則是另一個完全不同的主題。）

公道價的概念還可以延伸到受雇者薪水與勞動條件的協商。勞工運動之所以出現的其中一個原因，就是為了在受雇者與大公司協商時，試圖為前者提供同等的「份量」。至於個別雇員與公司是否對等（尤其是在高失業率的時代，以及有最底限的社會保

障可以依賴時），則未有定論。

問題
THE QUESTIONS

經常有人以「為消費者爭取更實惠的價格」的名義，將大公司對小公司施壓的作法合理化。如果在這種距離理想甚遠的條件下制定價格的過程確實發生了，你對於自己參與其中能過意得去嗎？

明確來說：

◆ 當價格是在議價條件不平等的情況下訂出來的時候，你從價格中獲益到什麼程度？對此你可以接受嗎？
◆ 你有沒有身處不平等的議價條件過？感覺如何？
◆ 制定價格時，是否應該把最低限度的要求——諸如打平成本的能力，或是維持體面生活的餘裕——納入考量？

性行為
SEX

一旦涉及性行為，就必須堅守一項鐵則：性行為必須合意（consensual）。這項原則無分相關人等的性別、身分或性傾向，從最死板到最煽情的各種性行為皆一體適用。

「必須合意」不代表認定一次性的同意能延續到之後。任何人理應能在任何時間點對性行為說不，他們的意願也應當獲得尊

重。儘管如此，許多西方社會在不久前仍認為已婚婦女不能拒絕與丈夫行房，結果導致「婚內強姦」的概念在二十世紀下半葉之前多半未見於法律中。有些宗教仍抱持著那些過時法律所反映的思想——妻子不得（或是在極少數的情況下才能）拒絕與丈夫行房。

　　然而，這種文化規範也有另一面。某些宗教（我想到猶太教）將確保對方性滿足的義務賦予雙方。在這種規範之下，一個人或許能拒絕接受性行為，但不能拒絕為伴侶提供性行為。

　　但在嚴格遵守「出於自願且認知充分的合意」這項鐵則之外，卻有太多爭議空間存在。已婚者是否應該只和伴侶有性行為？性行為是否只跟生小孩有關？可以只為了開心嗎？能不能享受跟陌生人之間的性行為？諸如此類的問題還有很多。

　　無論如何，能引起人們性欲的方式實在多得令人費解。我認識一位原本是不列顛飛官的計程車司機，他的工作是在晚上開車接送女子到妓院上下班。他告訴我，有個男的嗜好是看著女人穿著雨衣，在蓮蓬頭底下踩蝸牛！這種個案的「開箱」就不在本書範圍內。

　　不過，「必須合意」的鐵則仍然能處理大多數的極端個案。比方說，這解釋了我們為何應該反對性行為涉及兒童，或是其他對性活動沒有完整合意能力與充分認知的脆弱之人。至於其他情形，個人的看法則端視其倫理框架而異。

問題
THE QUESTIONS

對於給予或保留對性行為的合意，人們是否有持續性的權利？性行為是否是種能滿足參與者，並符合「尊重各方內在尊嚴」的行為？

明確來說：

◆ 每個人對於打算展開或正在進行的事情是否感到全然的自在？
◆ 每個人是否皆有權能放心說「要」或「不要」？
◆ 是否有任何人正面臨被人僅僅視為供他人滿足之用的物品，且無視其尊嚴的危險？

生理性別與社會性別
SEX AND GENDER

對於地球上大多數（而非全部）物種的繁衍與演化來說，雄性與雌性的差異至關重要。在大自然裡，動物的生理性別決定了其扮演的角色，支配著領域支配、求愛儀式、養育後代、狩獵與築巢等行為模式。然而，自然界中卻沒有固定的模式能決定生理性別須扮演特定的角色：有時候兩性中體型較小者為雄性，有時候權力掌握在雌性手中，有時候雄性負責育雛。再怎麼明顯的規則也都有例外。

雖然人類在生物上也是動物王國的一分子，但我們有能耐做出有意識的決定，而這讓你我能從本性的束縛中鬆脫，按照認為合適的方式來安排兩性之間的關係。

事先說明：一個人的生理性別（如男性〔male〕或女性〔female〕）與社會性別（例如男人〔man〕或女人〔woman〕）是兩件不同的事。前者天生如此；後者則是透過社會化等機制而成的建構。

人類社會中的多樣性也因此比自然界更為豐富。唯一不變的是，只有女人才有辦法生孩子。這項生物學上的事實影響了某些社會，但不是全部。比方說，之所以多半讓男性去打仗、從事較危險的工作，不見得是因為他們天生更強壯或更有侵略性，而是因為要增加社群人口只需要一名男性就夠了。假如讓男性待在安全處，結果（比方說）只有一名女性從戰鬥中歸來，那這個社群就倒大楣了。說起來，是因為人口觀點上的多餘，讓男人成為消耗品。

男女之間的天生差異會受到文化模式的強化，文化模式又常常受到宗教信仰所影響。例如，古代經常是由女人主導與多產有關的宗教儀式，而男性常常要為大地母親（Mother Earth）犧牲。男人後來憑藉抬舉對立的天空神（像奧林帕斯山就是由宙斯所領導）來扭轉情勢。直到今天，仍然有某些基督徒表示絕不能讓女人擔任團體（包括家庭）的領導者，因為基督是男人。他們主張男女扮演的角色「平等但有別」──這種論點很難讓那些扮演「平等但順從」角色的人感到滿意，彷彿自己的本質一文不值似的。

　　現代社會中的人已經免於自然加諸的多數局限，這也讓男性與女性重新意識到工作的分配方式，每一種生理性別的成員因此能扮演最足以讓自己盡情發揮的角色。原則上，男性可以像女性一樣照顧人，女性可以像男性一樣好競爭。單一生理性別內的差異有可能跟不同生理性別之間的差異一樣大，而且不管怎麼說，現代的機制多半也能消弭差異。今天，所有的角色（除了生孩子）都可以在兩性之間互換與共享。

　　不過女人仍然承擔大多數的家事，而這除了「文化殘餘」之外就沒有別的原因：某些時代的人對於男性與女性個別能力的設想，導致他們將女人置於家內領域，送男人出去外界。女人當然會希望享有傳統上男人獨享的所有機會。她們知道自己有能耐做跟男人一樣的工作，也為了正義與個人實現而要求允許這麼做。但許多女人做這些工作的時候，還同時扮演生物學上必然的母職，等於承擔了雙倍的負擔。

　　男人或許能慢慢調整，承擔傳統上由女人在家中進行的工作，讓工作分配更加公平。此外，節省勞力的新科技與托育、清掃等家事服務業的出現（與再現），也能讓女人與男人所承擔的重量更平均地分配。

　　最後，雖然人類的社會性別曾經是種非此即彼的選擇，但情況顯然再也不是如此。類似的多樣性程度也能在生理性別上看到。有些人生來就知道自己真正的社會性別跟外顯的生物性別並不一致──例如知道自己是女人的生理男性。有些人則是拒絕將自己劃入任何一種社會性別。你或許很難相信有其他因素能壓過生物性徵，直到你遇見跨性別人士為止。之後一切疑問都不存在

了。同性戀者對此沒有什麼選擇——他們生來如此，這是大自然浩瀚多樣性的一部分——跨性別者也一樣。

當然，我們每個人都能選擇如何面對我們真正的認同，但既然「忠於自己」並不會傷害他人，那我們何不選擇做自己？

問題
THE QUESTIONS

對多數人來說，社會性別是女是男是固定的。社會性別之間的差異已經是構成文化模式的一部分。然而我們如今有機會重新安排這些模式，讓個人獲得更大的自由，去實現自己的志向。為了機會平等起見，有任何不去打破宗教、文化與其他慣習的理由嗎？

明確來說：

◆ 現代世界是否已經讓我們從源於自然的社會性別模式中解放了？

◆ 男人與女人之間的工作分配公平嗎？這樣的分配是根據本質與能耐，或者只不過是長久累積的模式？

◆ 社會是否平等看待傳統上由女人扮演的角色以及由男人扮演的角色？假如有更多男人承擔傳統上女性扮演的角色，情況是否會有所改變？

◆ 除了生孩子以外，有任何角色是男女無法共享的嗎？

◆ 一旦科技讓孩子能在人造子宮中發育、出生，會發生什麼事？

◆ 科技是否能協助你我重新認識對社會性別的期待？

◆ 社會性別是否仍有影響力──畢竟人群中自然產生的關係
與身分認同已經相當複雜？

天地良心

我們的所作所為，必須有充分理解
（與完善）的是非良心為根據。

一個屋簷下
SHARING ACCOMMODATION

　　以現代西方社會來說，人們傾向於小群居住——住在家庭住宅裡，與朋友和愛人同居，老的時候則跟大家庭或其他老人照護機構的成員一起住。無論是哪一種情況，私有與公共領域之間的界線都很模糊。比方說，家人通常會共用廚房、客廳、浴室與洗衣房。臥室也許可以視為私人空間，尤其是孩子長大的時候，但在家庭住宅中其實是沒有完全「私人」的空間。真正的情況是每個空間都是整體的一部分，氣味混雜，噪音穿過整條走廊，雜物與一團亂的情況也可能蔓延到藏不住的程度。

　　造成最大衝擊的成員鮮少是故意造成大家的麻煩，他們通常是把自己的私人空間當成某種僻靜處，可以在裡面放心、放鬆、做自己。他們沒有想到其他人可能得為了他們的舒適，以額外的付出或壓力為形式承擔代價。

問題
THE QUESTIONS

　　大家都需要隱私——需要有個地方放鬆做自己。但假如我們個人的需求跟一個屋簷下其他人的需求不一致的話，怎麼辦？如果不想破壞原本的居住安排，那合理的妥協基礎是什麼？

　　明確來說：

* 你是否為了維持家裡的生活而做了該做的活？如果沒有，

是誰承擔了額外的負擔？他們自願這麼做嗎？他們是否允許你做的比原本應做的少？你有用其他方式補償嗎？

◆ 你私人的空間真的屬於你嗎？還是說你對該空間的運用影響到其他人了？假如其他人出現在你的空間，你是否有一套至少能讓大家勉為接受的規定？

◆ 你是否注意到自己的個人習慣如何影響他人？有沒有調整或妥協的餘裕？

◆ 其他人是否為了達到你的需求而妥協？你是否應該禮尚往來？

社交時攤錢
SHARING COSTS WHEN SOCIALISING

澳洲有種幫同行者「叫酒」（shout）的傳統，通常是在酒吧時看到。簡言之，「叫酒」就是幫別人出錢，而且經常帶有對方會投桃報李的期待。假使時間夠長，一行人中的每個人都會聽到，「夥計，該你叫酒了」這句話。

從對投桃報李的期待來看，若一個人接受別人叫的酒，卻在輪到自己叫酒的時候推託，這種作法是有違倫理的。推託的例子像是宣稱「我忘了帶錢包」或「下次我請兩輪」。假使有人「叫兌水酒」，也就是換成便宜的酒，或是減少叫的酒量，那就更過分了——其實這或許才是比較負責任的作法，但還是過分。

在餐廳也會發生一樣的情況，比方大家同意「平均分攤」，而一行人中有個人吃得比誰都多。假如是使用者負擔的情況，卻

有人試圖把花費平均攤給每個人，那也跟前者一樣惹人厭。

　　在上面各個情況中，共同規則都是「公平對整體，互惠對個人」。假如你跟朋友出去，人家相信你，連你的酒一起叫或是把你算進人頭，結果你不出你該出的錢──就算跟你一起出去的人說不跟你計較，這種作法會讓別人怎麼看待你的人格？要是這種行為成為常態，你很快就沒朋友了。

問題
THE QUESTIONS

　　掌管生活的泰半不是規定，而是約定俗成。慣習縱使不是由官方實施，但也有助於規範社交關係，而社交生活中最重要的一個方面，就是大家一起吃喝。假如我們當中有人藐視這些約定俗成，我們該怎麼做？

　　明確來說：

- ◆ 你有同意成為群體中的一部分，抑或只是被圈進來叫酒？你能在不冒犯人的情況下抽身嗎？
- ◆ 你是付了你該付的錢，還是想方設法跳過你對別人該負的那份責任呢？
- ◆ 假如你沒有公平付出的話，人家會怎麼看輕你的人格？
- ◆ 你是否受到更重要的義務所約束，例如友誼？
- ◆ 你怎麼應對習慣逃避自己義務的人？他們有其他的個人特質可以彌補嗎？還是說他們確實有苦衷，而且是他們不願意對別人透露，甚至連朋友都不能說的苦衷？

◆ 計算跟分配開銷的規矩有沒有在一開始就獲得大家同意？

「假病假」
'SICKIES'

就享有的帶薪假與請假天數來說，澳洲勞工算是相當幸運。每年四星期假的標準至少是美國受雇者的兩倍。此外還有許多國定假日，以及特別類型的假可以請，其中最重要的就數病假。員工有權得到這每一種假，只要滿足特定原因就可以請。比方說，年休跟工作時間綁在一起，而特准假（compassionate leave）則是跟令人難過的事件有關，例如家中有人過世。生病的話就可以請病假。至少理論上如此。

實際上還有一種假，也就是所謂的「假病假」，意思是宣稱有恙而不上班。不意外，假病假最常發生在星期一與星期五，或者是學校假期之前或之後，讓人得以享有非國定的長週末與長假。

「假病假」一詞成為你我字典中稀鬆平常的一部分，而這個事實頗能讓我們了解假病假在澳洲的情況。雖然從表面上來看，假病假是不誠實的產物，但仍然相當普遍。假病假的完整概念是「一面進行欺騙，一面持續享有雇傭關係中的回報」。之所以會有假病假，是因為目前除了公家機關之外，要求任何實體生病證明的雇主相當少。病假的運作泰半是建立在榮譽制度上，信任雇員不會濫用未出勤卻有支薪所帶來的好處。一想到多數人都很誠實，而且從來不會偷雇主的錢或東西，那為什麼有這麼多人偷

時間？

　　有一種解釋是，請病假的人是根據「不用白不用」的論點來請假的。他們覺得，既然有假可請，顯見他們的雇主能承受員工因為生病沒上班而帶來的時間與成本損失。這種邏輯彷彿是說「人健健康康」的好運不該跟「損失額外假期」的壞運相提並論。次要的因素似乎是「人人都這樣」的想法──也就是說，人們覺得既然這麼多人這樣做，那就不會是多壞的事，而誠實的機會成本又太高了。此外，有些人判斷自己是否生病時，設了相當低的標準──只要身上有哪兒不算百分百健康，都足以作為在家養病的理由。

　　硬幣的另一面則是那些抱病工作的人。他們的作法違背了病假的其中一項用意──預防健康的人被不健康的人傳染。雇員抱病上班，結果害大多數的勞動力倒在病床上，這對雇主來說完全沒有好處。

　　理想情況中，雇傭關係是雇主與雇員之間達成的協議。雇員因其付出、技術與勤勉而收穫各種利益。這套體系仰賴他們至少創造足夠的營收，以支付自己的薪水。足夠的營收則有賴每一個人貢獻其應有的心力。假病假與其他沒有正當理由的請假形式不僅對雇主有負面影響，最大的負擔還是落在其他雇員身上──他們得付出額外的努力，以完成為全公司創造營收的工作。

問題
THE QUESTIONS

　　請「假病假」對嗎？

明確來說：

◆ 假如你的雇主或同事知道你請假病假時其實是去做了什麼，你會不會難堪？

◆ 你缺席造成的代價是由誰來承擔？

◆ 你會認為自己的作為並不誠實嗎？假如會，是什麼讓不誠實的作為在這個情況中變得可以接受？

◆ 你的雇主對待你的方式公平嗎？這樣的方式是否會讓你有相互的義務？

◆ 假如你是為了合理的目的而請假，是不是只要你有請，無論如何都該准假？

社會正義
SOCIAL JUSTICE

　　厄尼斯特・海明威（Ernest Hemingway）的兒子說，父親曾經告訴他「你要自求多福」。[26]這句話背後的態度很容易理解：我們的前途與境遇是自己努力的成果。確實，有些志在提供公平機會而非公平結果的社會與政治運動，背後都有這樣的想法。這種想法挺合乎直覺：只要人人都能從同樣的立足點展開人生競賽，結果就多半是個人技巧與努力的產物，有付出就會有相應的

---

[26] 這句對他的兒子格瑞哥里（Gregory）說的話，引自Hemingway, G H (1976), *Papa, a Personal Memoir*, MW Books, New York ——「你要自求多福，阿格。你曉得怎樣才能輸得起？靠練習。」

收穫。

然而，實際上幾乎不可能打造完全平坦的比賽場地。對於某些群體來說，歷史造成的不利因素帶來深刻的傷痕，限制了個人的機會。此外，只要比賽開始，運氣（有好有壞）就會造成影響。許許多多的人認真刻苦，盡其所能發揮自己的技術，卻發現自己被無法掌控的事件撞得鼻青眼腫。這類事件也許是生病、意外或自殺；他們有可能承受他人愚蠢舉動帶來的附帶傷害，抑或是受天災打擊的受害者。對於受到上述這一切所影響的人來說，發生在他們身上的遭遇絕非他們活該。而這類事件的影響有可能是毀滅性的──人們因此失去工作、家園和生命。

社群不僅有能力，也確實會合力協助彌補這些傷害。但是，儘管在地方層級上會有人伸出援手，卻不是每個人都有家人或社群成員能阻止他們從縫隙中墜落。此時政府就必須出手，集結公共資源支持那些遭逢困境之人。然而，同理的回應卻會讓某些人變得依賴社會福利，而這種依賴有可能一代代延續下去，扼殺了自力更生與為社福貢獻己力的念頭。依賴也有可能在社群中滋生不滿與「區分你我」的裂痕。

問題
THE QUESTIONS

有些人並未犯錯，卻落得需要協助的境地。我們該如何為他們提供適當的照顧？能不能提供照顧而不造成依賴？要如何拿捏同理心、自力更生的原則與社群自由之間的平衡？

明確來說：

◆ 假如你需要幫助，你的家人或社群中卻無人願意伸出援手的話，你會有什麼感覺？

◆ 應不應該要求所有獲得政府補助的人為自己接受的照顧出一份力——比方說做最起碼的有薪勞動？假如有人真的無法出力，是不是應該容許例外？

◆ 讓人們重新站起來的最好方式是？社會該不該對提供的支援設定限度？社會該不該譴責那些顯然有能力、卻不願意自力更生的人？採取鼓勵的方式會比較好嗎？最好的回應會不會是上述所有作法的綜合？

◆ 社會確實有提供機會的平等嗎？還是說，「機會的平等」只是個神話？

◆ 社會有沒有義務為人們創造職訓與工作等機會，從而讓他們得以自立？

社群媒體：是好是壞
SOCIAL MEDIA: FOR GOOD AND ILL

二〇〇〇年代中葉，美國的美國線上（AOL）公司委託製作並發表了兩則廣告，意在展開「網路究竟是好是壞」的討論。兩則廣告都由同一位演員約翰・赫特（John Hurt）擔任旁白。赫特的聲音、字幕與精妙的選圖三者結合，讓AOL得以就網路的未來呈現出兩種截然不同的觀點。

自從那兩則廣告製作以來，網路已經展現其本身可以是巨大的正向力量。然而卻也有人不斷利用網路，讓人性中最卑劣、最

墮落的許多方面不受控制且更為放大。社群媒體在好壞兩方面中都扮演關鍵角色。它的願景在於解放數百萬人，讓他們能跟朋友、點頭之交和普羅大眾之間有直接、不受審查的聯繫。對許多人來說，上述願景已經實現了。但也有人利用同一種科技，導致他人因數十年前無法想像的方式而受到傷害。這是因為網路科技的力量——以匿名與「唾手可得」為最——就和其餘科技一樣，能為人所善用與濫用。

　　對於希望引起世人注意有權有勢者惡行的人來說，「將理念、證據與主張呈現給一大群人」的能力有無限的益處。匿名性的庇護向來是最重要的一點——批評那些有意願與能耐懲罰批評者的政權時尤其如此。不過，網路讓人們能鼓起勇氣批評當權者的這些特性，也會被人用來攻擊弱者。

　　近年來，人們成為網路霸凌目標的事例一再出現。攻擊有直接（受害者清楚知道），也有間接（在目標不知情的情況下流傳的謠言、影射等等）。傷人的方式從言語侮辱到利用難堪、暴力的圖像來造謠皆不一而足。這類攻擊的原因可能是報復、生性殘忍，甚至是因為對方不合主流群體的規範而加以懲罰。然而無論如何，這些攻擊都是意圖透過排擠與羞辱為手段來傷害人。這種霸凌不見得真的有動手動腳，但造成的身心影響卻讓「棍石雖致我骨斷，言詞未把我心傷」這句格言不再有力。

　　事情何以致此？最重要的問題在於，人們（尤其是年輕人）通常會低估自己在網路上創造、散布內容的作法有多大的影響力。比方說，傳私密訊息（將私密的圖像傳給情人或朋友）有可能留下幾近於永久的紀錄。只要愛人或朋友不可靠，影像就會立

刻流傳出去。一張圖片可以作為愛或迷戀的表徵，也能輕易轉變成武器。假如一段關係在對罵中結束，或是某些不肖分子取得圖片，就可能馬上造成傷害。

能傷人的不只是圖片。不當的言詞也能——像是洩漏出去的秘密，或是曝光的弱點。人們必須先想清楚，他們在網路上的露面，會不會讓自己暴露於危險之中。相較於試圖彌補造成傷害的洩漏，事先防止有潛在危險的素材創造出來會相對容易得多。

更要緊的問題則涉及一旦進入網路世界時（尤其是在匿名性的掩護下），應該採取什麼樣的倫理約束模式。上網時，人們可以在完全不打算跟相關人等面對面的情況下發表言論與採取行動。在現實世界中與人接觸，會讓我們完全暴露在對方回應的完整影響之中。假如我們傷人，我們也免不了受到對方傷害；假如我們粗魯、不規矩，我們就必須料想到別人會指謫我們，我們必須承受我們所作所為的後果。一旦我們運用遠端數位手段時，這些都不用考慮了。

當然，缺乏外在約束未必代表我們就會失控。自制的可能性始終存在。道德想像（moral imagination）的影響力也是，我們可以設身處地為人著想。一個人得費點工夫才能跳脫自己的個人觀點，但這是有可能的。運用道德想像力的作法不僅能保護潛在的受害者，還能預防潛在的加害者出現，讓他們不至於因為霸凌了無法自保的人而懊悔自責。

隨著網路日益演變，我們也更能控制其黑暗面。這多少是因為我們意識到網路所具有的力量（尤其是讓影響倍增的力量），甚至體認到全然陌生的人將會成為你我生活中的一部分。

　　有一種風險已隨著網路的發展而大增，也就是人格完整性所遭受的威脅。由於數位指紋無法磨滅，假如有人盜用我們的身分，無論他們做了什麼，最後都會追到我們身上。他們也許是花我們的錢，或是搶走我們的機會，但在最糟的情況下，他們可能會摧毀我們的名聲。高強度的密碼與加密等數位安全措施因此有其重要性。花點工夫保護自己的隱私與安全，就能防止傷人的世界成真。

　　最後還有一個問題：是否應要求戴著數位面具（digital mask）的人——也就是假扮他人的人——承認自己戴著面具？關鍵在於權衡偶有的匿名需求與不受欺騙的權利。這一點在過去很容易達成，一個戴著實體面具的人既能保護自己的身分，又能提醒他人有欺騙的可能性存在。或許該是時候幫網路使用者考慮類似的東西了。有沒有可行的數位認證方式，能讓我在不見得知道他人身分的情況下，也知道他們不見得是其所宣稱的人呢？

問題
THE QUESTIONS

　　數位科技為個人與社會提供了為善與作惡的強大手段。我們要如何充分運用這種科技，而不造成他人的傷害呢？

　　明確來說：

- ◆ 你是否透露太多關於你個人的資訊？你會不會一輩子對自己在網路上的決定感到後悔？

◆ 你對自己的數位活動（digital presence）確實掌控到什麼
　程度？

◆ 你對自己在網路上的人身安全是否有足夠的照顧？

◆ 與人面對面時，你的行為會受到對方潛在的影響。你在網
　路上會像面對面的情況一樣行事嗎？

◆ 你使用他人的數位素材時（尤其當這些素材是在有信任的
　情況下所提供的話）是否有獲得其同意？

◆ 有鑑於網路科技有放大影響的能耐，你有沒有徹底評估過
　自己在網路上造成的傷害或正面影響？

◆ 你是否以負責的方式利用匿名性？

◆ 假如他人知道你戴著數位面具，你是否自在？

對惡行直言不諱
SPEAKING OUT ABOUT WRONGDOING

　　只要人們願意明確出聲反對，世界上木已成舟的惡行原本泰
半都可以避免。最顯著的例子跟納粹興起與種族屠殺等事件有
關，而這些事件都構成了歐洲猶太人所受迫害的一部分。歷史記
載一再顯示人們默默看著死灰復燃。是因為恐懼？因為懷疑？還
是因為贊同？我們只知道，假如有足夠的人反對，大屠殺可能就
不會發生。

　　來談比較沒那麼嚴重的層次，我曾經受邀調查某間公司發
生的事件——有名員工偷了兩千萬元（沒錯，**兩千萬**）。事後證

明，這名員工的同事們對於發生的事情早有所聞，但卻什麼都沒說。公司經理以這為藉口──沒人告訴他。他沒有想到該問的問題是：自己所主管的工作場所，怎麼會是個至少有一部分人認為對這種偷竊行徑不置一詞比較好的地方。他沒有想到自己可能也出力創造或縱容出一種文化，讓偷竊不僅可能，而且還確實發生了。

　　第二次世界大戰時，新加坡對日本投降。據說當首相溫斯頓・邱吉爾（Winston Churchill）聽到消息，得知不列顛人對於日軍從馬來半島發動攻擊一事缺乏準備時，他告訴下議院，「我不知情。沒人告訴我。我應該要問的。」[27]許多現代領導人躲在邱吉爾的前兩點聲明底下，承認第三點的人少之又少，大多數人寧可處於能「合理否認」（plausible deniability）的狀態中。

　　一旦領導人淪落到這種程度的不負責任，就會讓人們更難以表達他們的擔憂。縱使有正式的機制能保障那些舉報可能惡行的人（例如舉報人保護法），直言不諱的人下場通常依舊不會太好。要站出來恐怕得有非常大的勇氣才行。

　　我們很少人有「對強權說真話」或揭露惡人的正式義務，這樣做是有風險的──危及名聲，危及人身財產，甚至危及生命。不過，保持沉默卻也有成為共謀的風險，讓可以避免的惡行化為現實。

---

[27] *Sydney Morning Herald* (2003), 'Leaders still myopically in thrall to sultans of spin', http://www.smh.com.au/articles/2003/07/11/1057783358957.html.

問題
THE QUESTIONS

　　大家都知道，做壞事的人都寧可暗中進行。但我們也知道只要我們的一句話，就可能足以打開窗，讓惡行無所遁形。在個人福祉與增進眾人福祉的可能性之間，我們該如何取捨？

　　明確來說：

- 能夠在你不用直接涉入的情況下，讓惡行曝光嗎？有可能匿名舉報嗎？
- 大聲講出來的好處是否少得不足以補償因揭弊所導致的個人損失？
- 人們能否相信既有機制提供的保障確實會發生作用？
- 假如你什麼都不說，你能原諒自己嗎？
- 假如你所愛的人成了惡行的受害者，而這項惡行原本只要有人（甚至是你本人）出聲就能避免的話，你會作何感想？
- 你有沒有可能加入你行列的盟友，從而以共同陣線的方式發聲？

代孕
SURROGACY

　　有些女性無法受孕生子，造成這種情況的原因很多。未來也許有科技能解決這個問題——用體外人工子宮讓小孩在人體外受孕、發育。但以目前來說，某些希望成為父母的人只能選擇找一位準備好擔任代理孕母、經歷懷孕過程的女性。

　　澳洲法律將優先權賦予生母，只要關係到的是她所生的孩子，她就有最高的權利。縱使有白紙黑字的內容（合約），甚或新生兒在基因上跟生母完全無關，生母依舊擁有上述權利。因此，代理孕母與希望養育自己孩子的人之間的關係，必須有非常堅定的信任。現行的澳洲法律不允許商業代孕——亦即付錢讓女性代孕。澳洲法律僅認可與利益無涉的代孕，並允許代理孕母因懷孕期間的合理成本而獲得準父母的補償；這通常包括損失薪水的機會成本。

　　倫理爭議通常會在人們到國外尋求商業代孕服務時浮現，其中特別引人關注者包括提供代孕服務的婦女出於自願的程度；代理孕母獲得的合理費用多寡（而不是讓中間人取走大部分的費用）；此外，假如代理孕母或孩子的健康出了問題，或是代理孕母與準父母之間的關係有了齟齬，就會產生與涉外管轄權相關的難題。

問題
THE QUESTIONS

代理孕母是否事先在出於自願且有充分了解的情況下，同意懷上準父母的孩子？代理孕母與準父母之間的認知是否基於信任，而非僅以合約義務為基礎？

明確來說：

◆ 各方皆有倫理義務——包括代理孕母。所有人對於各自的權利與責任是否都有一致的認知？

◆ 你了解完整的責任鏈（chain of responsibility）嗎？比方說，代理孕母是獨自為之，抑或有適當的支持？她能自己做決定嗎？

◆ 假如懷孕期間出現併發症，該如何決定處理方式？

◆ 你有沒有考慮過，假如孩子出生時健康堪憂，或是有天生缺陷，那怎麼辦？

◆ 補償津貼公道嗎？

◆ 關於準父母、代理孕母與孩子之間的關係，有什麼界線（假如要的話）是現在就得為未來決定好的？

永續性
SUSTAINABILITY

由於人類的創造力與渴望繁榮的緣故，我們這個物種對地球

天然資源的開發，已經消耗到這個星球無法補充的地步。直到目前為止，我們從這種過度使用的現況中獲得了大量好處；比方說，儘管生活富裕者消費得比以往更多，但全球貧困的情況仍然得到大幅改善。然而這種不平衡遲早會對人類帶來不利影響。影響的開端已經以全球暖化的形式浮現了，宣告海平面將有災難性的上升，大規模人口成為難民，原有糧產區遭到大片摧毀，隨之而來的威脅也將影響文明賴以為基的和平與穩定。

　　但這一切並非無法避免。人類很聰明——聰明到能做出不同選擇。有些選擇將創造出新型態的財富與繁榮；有些選擇則是以我們這個物種運用智慧的超凡能力為基礎，透過科學與技術來創造解決方法。

　　然而，一切仍有賴於改變的意願，為不同的未來而付出的意願。至於你我會不會有所改變，則取決於我們如何看待選擇永續性所帶來的個人代價，以及每一個人的「關注範圍」有多廣。誰才算重要的人——只有自己？至親好友？國家民族？全世界？未來的世代？分屬公私部門的公司與機構等「非自然」人也應該考慮上述與類似的問題。

問題
THE QUESTIONS

　　人類正以無法永續的速率消耗自然資源。我們所作所為的代價已逐漸浮現。我們有改變的能耐，但我們有改變的意願嗎？

　　明確來說：

- 因為改變而帶來的成本與益處應如何分配？縱使富人遭受的個人風險遠少於其他人，但他們是否應該承擔更重的責任？
- 達成永續性最有效率、成效最好的手段是什麼？
- 永續性的挑戰是否是靠人類創造力就能解決的技術問題？抑或是唯有透過改變態度與信念才能化解的人性問題？
- 從倫理角度出發，有哪些作法即便是人類能力所及，且有益於地球，但我們仍會拒絕採用？比方說，我們會支持人口控制措施嗎？我們會禁止特定商品與服務嗎？
- 以民主制度與個人自由為基礎的政治體系，是否有能力對全球暖化等挑戰做出適當的回應？還是說，回歸市場是更好的選擇？有沒有其他體系更有辦法因應我們所面臨的挑戰？

避稅
TAX MINIMISATION

　　據說，偉大的美國革命先驅、國會議員兼科學家班傑明‧富蘭克林（Benjamin Franklin）曾說出以下名言：「在這世上什麼都說不準，只有死跟稅例外」。[28]不久前，有個沒那麼傑出的人——一位澳洲商人——對富蘭克林的主張提出質疑。他在接

---

[28] 出自富蘭克林於一七八九年寄給尚—巴蒂斯特‧勒華（Jean-Baptiste Leroy）的信，翻印收錄於 *The Works of Benjamin Franklin* (1817)。見 http://www.phrases.org.uk/meanings/death-and-taxes.html。

受國會調查時說，「這個國家裡，不避稅的人都該去檢查自己腦袋」。[29]

　　近年來的情況顯示，許許多多的人——尤其是有錢有權的個人與大公司——都把這位商人的建議聽進去了。官方的調查與洩漏文件的公開，讓行之有年的避稅安排網絡公諸於眾，甚至到了連一毛錢都不用付的程度。一位積極試圖為自己避稅的企業鉅子告訴我：他雇用了許多人，而這些人都繳了他們該繳的稅，因此他覺得自己已經為國家「盡了他的份」。

　　當然，想盡可能少繳稅的人不只有錢有勢的人。有一種相當蓬勃的現金經濟存在——稅沒有繳出去就代表供應者與買主可以平分省下來的錢，從而確保「折扣」。這一切絕不會明著來；牽涉其中的人總是睜一隻眼、閉一隻眼，把好處收進口袋。但對我們大多數人來說，避稅的機會實在不多：稅金都是自動從我們的薪水裡預扣，送到稅捐機構去。

　　問題很明顯，公民所仰賴的政府服務——國防、外交、法院、醫院、學校、警察、道路橋梁等都需要稅金挹注。縱使你擁護小政府，認為多數的事物都應該交由私部門處理，但所有現代政府都需要一定數量的金錢才能運作，而這錢就來自稅捐。

　　個人與公司行號避稅所造成的問題是，短少的資金只不過是轉嫁到願意繳稅的人身上。「搭便車」一詞應運而生——意指接

---

[29] 凱利・帕克（Kerry Packer）在一九九一年的國會調查時講出上述廣為人引用的證詞，http://www.smh.com.au/federal-politics/political-news/corporate-tax-inquiry-kerry-packers-infamous-committee-appearance-serves-as-a-cautionary-tale-20150408-1mgfaq.html.

受政府提供的好處，卻不對政府的成本做出應有的貢獻。這就像有人上酒吧，喝了同行的人請的酒，卻從來不幫一行人「叫酒」；或是有人上餐館吃飯，卻不付該攤的費用。

　　稅捐稽徵有其規則，但這些規則是允許人們合法節稅的。然而只要有規則，就有潛在的漏洞，這就是律師和會計師的擅長領域。只要你請得起這些專業人士為你服務，就能利用某些有疏漏的法條，出於幾乎純屬自私的原因，從他人的錯誤中獲益。接著就是倫理的考驗了：談到稅，我們遵守的是法律的精神，抑或只是法律的文字？

問題
THE QUESTIONS

　　多數人都希望政府提供愈來愈多的服務，從中得益，但這些服務是有代價的。如果我們有時候能決定自己繳多少稅，我們應該付自己認為合理該繳的稅，還是試圖避稅？

　　明確來說：

- ◆ 假如我們不繳該繳的稅，那誰會？
- ◆ 我們繳了應繳的稅，但擁有資源的個人與公司卻避稅少付，這樣公平嗎？他們的行為會改變我們義務的本質嗎？
- ◆ 繳交的稅額應該跟政府服務使用量相關嗎——更接近使用者付費的體系？還是說，有些核心的政府服務（例如國防）是所有納稅人都應該出力的？
- ◆ 每個人都應該支付點什麼嗎——連社福領受者亦然？

◆ 你對於政府是浪費或是有效使用你繳的稅的看法，會不會
　影響你的決定？

◆ 被人查到逃稅的可能性，對於避稅是否有嚇阻的效果？

◆ 繳稅是不是公民的基本義務之一，就像出席投票？

在學校教宗教
TEACHING RELIGION IN SCHOOLS

　　現代澳大利亞是個世俗自由民主制國家，而這種政治體制則
是十八世紀歐洲啟蒙的產物。各種文化輸入──包括一套猶太教
─基督教世界觀──形塑了這個國家的文化與制度。不過，既然
是個世俗國家，澳大利亞聯邦也堅守普遍的主張──信仰自由，
且各宗教及其信徒既不受迫害，也不得偏袒。最早來到澳洲的歐
洲人並未抱持這種開明的觀點。殖民母國有其國教──英格蘭教
會，羅馬天主教則是毫無地位。但天主教不僅是大批移民所信奉
的宗教，同時也是英格蘭教會誕生時所奠基的基督教教派。兩個
「敵對陣營」就這麼在雪梨灣下了船。除了剝奪當地居民的土地
之外，歐洲人還試圖開創出心靈與現世的領土。

　　各個教會一度短暫掌控了學校，利用教育機構作為網羅信徒
的手段，傳播它們所支持的基督教上帝版本。結果就是東一間、
西一間的牧區學校，教育著一部分（當然不是全部）的殖民地
孩童。這種現象終於在新南威爾斯引起探險家威廉・溫特沃斯
（William Wentworth）與政治家亨利・帕克斯（Henry Parkes，白
手起家的他把自己的成就歸功於合宜的教育）先後提議並推動由

政府主持的教育。教會的獨占由此終結。但教會的抗議最終贏得一點讓步，得以在新南威爾斯的公立學校中每星期講授一小時的聖經。直到不久之前，澳洲大部分地區都是類似情況。唯一的例外是維多利亞州（State of Victoria），聖經在當地並非當作獨立科目開課；維州反而是讓所有學童接觸宗教通識或比較宗教學。

有人主張世俗國家不應允許各宗教在其機構中勸人接受其信仰——例如支持將聖經教學從維多利亞州學校中剔除的人。這種論點適用於各宗教，跟授課的內容或教材素質無關。也有人明確對於「該教什麼」頗有微詞；比方說，我的一個孩子放學回家，告訴我當天的聖經課教他們「所有猶太人都會下地獄」。不是只有一些，是全部！

讓所有的孩子體驗一段共同、公立的教育（至少在國小裡），是打造強固社群紐帶最好的方式之一。有鑑於此，支持讓聖經教學納入公立學校中的有力論點之一，就在於此舉或將鼓勵信仰虔誠的家長把小孩送進公立學校念書。至於在公立學校環境中提供聖經課能不能達到這種效果，則是實證問題。原則上，以一星期為單位、內容經適當控制的經典教學或許是個值得付出的代價，能讓各個社群的人感到足夠放心，願意讓孩子入學。最主要的要求是教材必須恰當——不能像那種用來教我小孩的胡言亂語。監督教材內容的責任，則落在各個開設學校供所有團體、宗教等社群就學的州政府身上。

最後，政府必須堅守原則，承諾對所有群體一視同仁，在學校中為學童們提供課程。遺憾的是，某些政府必須應對那些不僅掌控了權力平衡、甚至還打著宗教大旗的政治人物。宗教中立的

世俗理念恐怕就是在這兒、在達成政治協議的廳堂上被人一點一
點削弱。

問題
THE QUESTIONS

　　世俗自由民主國家應不應該允許宗教團體在上課日利用公立
學校設施傳授其信仰？

　　明確來說：

◆ 政府對於授課內容是否有足夠的監督，確保教材適當？

◆「公立學校促進宗教教育」的這個基本構想是否不合適？

◆ 相較於講授聖經的特定課程，比較宗教學教育會不會是更
好的選擇？

◆ 對於信仰虔誠的家長來說，「開設聖經課程」是否會影響
他們送小孩就讀公立學校的決定？假如孩子們在共同的教
育經驗中成長，社會會不會更和諧？

◆ 政府是否有照顧到所有家長的期待，抑或是偏袒某部分的
家長？政治考量應該要凌駕家長的期待嗎？這合理嗎？

考試與高等教育入學
TESTING AND TERTIARY ADMISSION

　　教育對於建構與維繫社會有不容否認的重要性，政府也為教
育機構挹注不少的經費，難怪學生的教育發展一直以來都要接受

評量。這股潮流向來是評估「影響力」，以及評比各機構、體系與國家表現的風氣中的一部分。

評比項目是很重要的因素。每一個受充分教育的人理當具備基本的文字與數學能力。然而有些技術可以透過填鴨方式學習而來——無須太多思考，也能帶來足以發揮作用的不錯表現。

這算教育嗎？還是說，教育需要的不只這些——還需要人類創造意義的能力所仰賴的深入思考力？

問題
THE QUESTIONS

對於考試與澳洲高等教育入學排名（Australian Tertiary Admission Rank, ATAR）等高等教育入學標準的重視，會不會導致老師與學校過度關注達到或超越其門檻，反而犧牲了真正的教育？

明確來說：

- ◆ 我們這整個社會對於「教育的目的為何」有沒有適當的領會？考試與做報告是否有助於下一代的教育？
- ◆ 獲得排名資訊能讓你更了解孩子就讀的學校嗎？
- ◆ 你會不會或者你應不應該根據學校的 ATAR 成績（或其他評比）而考慮讓你的孩子轉學？
- ◆ 這一類的評比對於老師與學校的關注焦點是否有正面的影響？
- ◆ 評比的領域對於所有學生公平嗎？評比能讓教育資源分配

更公平嗎？

為老人家著想
THE ELDERLY: ACTING IN THEIR INTEREST

　　多數生活在富裕西方社會中的人會比較長壽，但長壽未必代表生活得更好。無論是因為疾病，抑或純粹是年老力衰的緣故，老人家總是會面臨無法自己照顧自己的時候。在以前，家人經常能伸出援手，如果整個大家庭住得很近，有時候還很輕鬆。通常會有好幾代的人能幫忙，而長輩則成為智慧的泉源與家族延續的象徵。

　　今天，有許多老人家被家人安置在所謂的老年照護設施中。這些設施如果好的話，是能結合舒適便利的生活安排與第一流的醫療照顧，來達到個別院民的需求。但如果不好的話，就等於是「臨時收容所」，讓人等死。許多澳洲老年人幸運能獲得「包套」的協助，讓他們能繼續住在自己家中，又能得到需要的幫助，使他們繼續過著舒適而安全的生活，繼續作為社群的一員，在熟悉的環境中與親友接觸。然而還是有人健康不佳，需要在專門設施中接受照顧。

　　如果你最重視的是你所愛的長輩（們）的福祉，你就必須能區分清楚「他們想要的」跟「他們真正的福祉所在」。比方說，糖尿病患也許會想吃巧克力，但醫生知道吃巧克力與他們的**福祉**有違。醫生的責任在於照顧病人的福祉，而非滿足病人的希望。道理類似，老人家也許希望留在自己家裡，而且是在沒有照護或

支援的情況下居住。不過，有額外的照護支援——無論是在宅照護，或是在能提供其特別需求的設施中照護——恐怕才合於他們的**福祉**。

　　雖然我們的社會高舉個人的人身自主權，但總有那麼一刻是個人無法為自己決定怎麼做對自己最好（也許是因為癡呆症）。在這類情況下，家人或許就必須做出先前提到的那種區分。

問題
THE QUESTIONS

　　老人家是否擁有能在充分認知下自主決定的心智能力？決定後，他們是否有對自己的選擇負責任的能力——抑或是其他人必須以可能損及長輩獨立性的方式來承擔其代價？人們是否考慮過對他人的負擔尚稱合理、讓老人家能盡量實現自己剩餘愛好的「最不差」的選項？最後，我們能否確保一位至少還有能力訴苦的人，他的福祉不會僅僅因為讓其他人方便而遭到犧牲？

　　明確來說：

- ◆ 老人家真正想要的是什麼？跟他們的福祉一致嗎？
- ◆ 家人還能為維持老人家喜歡的情況而提供更多的支持嗎？
- ◆ 怎麼做最能提升或維持個人的尊嚴？
- ◆ 哪些選擇最能保障個人的生命品質？他們能在這種選擇中健康而活躍嗎——或者至少是盡可能安穩？
- ◆ 哪一種選擇不僅有助於滋養、支持他們的身體狀況，而且還能照顧他們的心靈？

◆ 假想那種環境是為你提供的，那你願意生活在同樣的環境中嗎？

◆ 有沒有任何一種選項，會對他人（例如配偶）造成不可接受的負擔或風險？

◆ 決定背後的動機是不是錯誤的經濟觀──為了承諾的未來而在眼下存錢，結果摯愛的長輩或許根本享受不到？

市場與專業人士
THE MARKET AND THE PROFESSIONS

有兩種互補的世界彼此交錯，影響你我生活的諸多方面。一是市場的世界，二是專業人士的世界。

蘇格蘭哲學家亞當・斯密（Adam Smith）認為，市場的世界是個支持人們為滿足欲望而追求自利的世界。根據他的主張，屠夫、釀啤酒人或麵包師傅不是為了與他人為善而供應我們的晚餐，他們這麼做純粹只是自利而已。他推論出，透過「看不見的手」的運作，人人都會變得更好。市場本身沒有內在價值。要評估市場的價值，反而是看市場是否運作良好，方法則是計算市場所創造的「共善」量是否有增加。如果市場無法創造增加，「市場」這種工具也就失去其原有的意義。

另一方面，專業人士承諾把服務於他人的利益（interests，而非其需要〔wants〕）置於自己的自利之前。他們的承諾構成了專業世界。社會需要專業人士來把關，協助自由市場符合其倫理基礎──不說謊，不欺騙，不用權力壓迫人──並防止市場失

能，且在必要的時候修復市場。

　　社會知道那些放棄自己追求自利之權利的人得承擔潛在的代價，畢竟在市場中，他們身邊的人都在追求自己的利益。專業人士做出倫理承諾，受到比市場參與者（market participants）所適用的更嚴格的限制，而社會也因此締結社會契約，藉此為專業界成員提供特定的好處或利益，以彌補他們的付出。這些利益包括尊重與地位、屬於專業人士的特定工作機會保留（不公開市場〔closed markets〕），以及豐厚報酬的前景（但不是保證）。

　　用「有人想買一整塊巧克力」的例子，可以簡單讓人了解一個人「以市場方式行事」與「以專業方式行事」的差別。巧克力小販不會太關心買家願不願意、有沒有能力支付其要求的價格以外的事情。只要這兩個條件得到滿足，小販就能滿足消費者。然而要是購買者有糖尿病，跟醫生說要吃巧克力，醫生就應該拒絕，無論對方提供他多少錢。這是因為醫生必須根據病人的福祉而行事，而在這個例子裡，「病人的福祉」跟「滿足巧克力狂的欲望」並不一致。

　　專業人士負有與其服務目的相關的特定倫理義務。律師理應重視司法程序，醫療專業人士理應重視病人的健康，工程師理應重視安全與效率，會計師與新聞從業人員理應重視真相。

　　有人試圖享受社會契約讓特定專業所享有的利益，卻不接受專業應有的義務。比方說，律師或許會告訴你，他們「只不過是開一間做法律生意的公司」，按照與水管工人、清潔工或任何提供服務的人相同的基礎販賣他們的服務，以市場方式行事，以自利為動機，滿足其客戶願望。假如這種作法成為常態，維持現有

社會契約的基礎將會土崩瓦解，人們也將視這整個專業的風風光光為一場騙局。

問題
THE QUESTIONS

傳統上，專業人士在社會中扮演至關重要的角色。他們之所以有發揮這種作用的能耐，是因為他們的成員接受自己有特殊倫理義務的緣故。專業人士的義務不僅不同於那些在市場中活動的人所應盡的義務，有時更是與之對立。假如這些專業人士不再奉行這些義務，會發生什麼事？

明確來說：

◆ 專業人士在社會中是否仍扮演有效的角色，抑或是舊時代的殘餘？市場在提供必要服務一事上，能做得跟專業人士一樣好嗎？
◆ 是否有某些生活領域不應允許追求自利？
◆ 社會與專業人士之間的社會契約是否公正對待所有相關人士？

給小費、議價與做善事
TIPPING, BARGAINING AND CHARITY

假如你去商店買東西，比方說買塊巧克力，通常商品的價格都是固定的。你只需要按照指定的價格付錢，巧克力就是你的

了。許多（但不是全部）種類的交換都有這種「不要就拉倒」的特質。然而某些案例確實是有權衡（discretion）的餘地，尤其是給小費、講價和捐錢做善事時。在這類情況中，有哪些相關的倫理考量呢？

「給小費」代表必須是種自願性的支付，意在表彰堪為楷模的服務。然而在某些情況中，「給小費」會失去其自願性的狀態，變成強制行為。美國的情況就是非常明顯的例子——該國的餐廳、旅館、酒吧等場所付給員工的薪水非常低，遠低於澳洲最低薪資的水準。美國普遍認為受雇者掙得的大部分工資是從小費來的。背後的道理是，這種作法將會提升服務品質，因為雇員會試圖贏得顧客的歡心。結果，許多就業於美國接待服務業的人會預期（甚至是要求）顧客，無論服務的水準如何，都會支付小費。餐廳顧客因為沒有留下足夠的小費而遭到惡言相向，甚至在街上被追著跑的故事並不罕見。

美國雇傭結構的安排就這麼將一種出於自願的作法扭曲成完全不同的東西。如今在澳洲也有愈來愈多的旅館、酒吧與餐廳收取必需性的服務費。此舉是為了確保小費有支付，但如果根本無視於顧客對於服務品質的看法，那這筆費用也稱不上是小費。總之，常有人根本沒有注意到這筆費用，因此在正規費用中已經支付的服務費之外，又多留了一筆小費。

給小費時最令人不悅的一幕，就發生在有人自願去埋單，代替用餐的一行人收了小費，卻沒有把小費交給店員，反而收進自己口袋的時候。這種事情很少發生，但確實會發生，而且若非詐欺就是偷竊（隨你選）：這筆錢是用於眾所周知的目的，結果卻

在沒有得到原主人同意的情況下挪作他用。

　　來談講價，某些商業環境是事事都能商量的。這就是講價──或者說討價還價的世界：經由協商來達成價格。假如你不在乎那一點點不確定性，而且享受與人打交道，那麼講價就會是有趣而令人滿意的經驗。其實，要是顧客不講價，反而會讓某些文化中的商人感到失望，就算他們能得到比原本更高的價格也一樣。

　　講價是購買展演行為中的一部分，通常是由商人提出以某個高得不切實際的價格來銷售物品開始，接著換購買者提議用某個低得不切實際的價格來購買商品。過程會大跳雙人舞──一步步逐漸朝目標前進，而目標自然是銷售。過程中會談到其他跟價格無關的一些變因，例如支付的模式與速度（現金或賒帳），以及可有可無的附加物與大幅折扣等額外的提議。對顧客來說，挑戰在於找出商人願意放手的最低價；對商人來說，挑戰則是保持顧客的興趣。

　　講價有兩個大問題。第一，你必須對販售的物品有信心，確定東西真的名實相符：一大堆人拚了命講價，結果發現買來的是假貨。第二個問題則必須深思：一旦講價的立足點並不公平，一方主導過程，占另一方便宜，就得好好考慮。

　　這種不對等的情況可以發生在講價的任何一方。比方說，要是有人控制某個村子裡唯一的飲用水來源，就能在乾旱時期收取高價；口渴的人別無選擇，只能付錢。買家也能利用不平等的權力為己服務；賣東西的人也許很缺錢，賣掉東西才能養活家人，而購買的人（說不定根本沒有買的需求）就有能力狠狠殺價。有

些賣家可能情況糟到就算成交也會有損失的程度，但有錢在手恐怕是當下最要緊的事。

這種狠狠殺價的作法其實不算自由市場的一部分。自從蘇格蘭哲學家亞當·斯密提出他的看法之後，世人皆認為假如有人說謊、欺騙或運用權勢威壓的話，就不能認為市場是自由的。這三種行為都會扭曲市場，最終將導致市場失能。講價理應自由——斯密所說的那種自由。這需要買賣雙方對於所販售商品的基本價值都有起碼的概念。打平成本之後，再由協商方式決定相對的價值。

現在我們要考慮的另一個權衡性花費（discretionary spending）例子，則是跟做善事有關。並非所有的贈與都是採取金錢的形式，許多人會捐物品，還有無數的人擔任義工。涉及金錢時，澳洲法律規定若要將贈與物視為捐獻，則提供時不能有任何回報或回禮的期望。期待或需要回饋的人，最好是提供一份贊助協議。

有許多好的目標都能帶來捐獻。許多慈善機構把焦點擺在民眾關注的明確領域——治療疾病、使饑者溫飽、收容無家者等等。然而，有愈來愈多人不再挹注創造共善的機構，而是去尋找可能跟自己有私人連結的慈善機構——例如為友人在坦尚尼亞成立的學校提供資金。

這時，只要你認為自己從贈與過程中得到的收穫愈重要，你的贈與就變得愈有私心。有人說這沒關係，贈與的動機沒那麼重要。他們說，重要的是這份贈與是否為世界帶來任何的善，是否是為了創造可見的益處而為之。這種態度造成人們愈來愈重視去衡量慈善義舉的結果。當然，有些項目比較容易衡量。計算無

家者的人數，或是衡量肺癌等疾病的治療進展就很容易；去追尋……比方說，某個倫理學中心對個人與社群的生活有什麼影響，可就難上許多。即便如此，只要知道你的捐獻確實帶來改變，就能強化你對付出的投入程度。

值得一提的事，現在有另一種方式跟慈善贈與相輔相成──也就是所謂的「影響力投資」（impact investing）：投資人撥出資金，期待能透過改善個人或社會的處境，從中獲得商業回報。關注這種兼有自利與社福目的的作法如何影響傳統慈善，還挺有趣的。

問題
THE QUESTIONS

各式各樣的契機都會影響你花錢的方式。你花錢的時候有沒有什麼通則，能讓你的權衡之舉有充分的倫理考量？

明確來說：

◆ 你的權衡之舉（例如給小費）可能會讓他人得益，但你是否值得此人尊重呢？

◆ 講價時是否有權力或影響力不對等的情況，是你必須有所考慮的？如果有，這種不對等是否會扭曲買賣的過程？

◆ 假如交易行為成真，這交易是否代表了公平價值？

◆ 你對於自己做決定時（例如捐獻）的處境是否有所了解？

◆ 在對他人的關懷與自利之間，你要如何權衡？你的權衡之舉能否帶來有益的影響？

◆ 假如你在交換的接受端，你會有什麼樣的感受？

在第三世界國家旅行
TRAVEL IN THIRD WORLD COUNTRIES

許多澳洲人選擇出國旅行。最受大家歡迎的目的地通常是歐洲與北美洲，但一直以來都有一大群旅客喜歡挑更有冒險性的路途來走。這些路途可能會領著他們前往或途經世界上若干最不便的國家。不便的原因可能是饑饉、人口過多、戰爭、貪腐，或是上述與其他因素的結合。你很有可能發現富裕、健康、安全的自己得跟不具備這些優勢的人面對面。你該怎麼辦？

首先要知道，肚子餓（being hungry）不同於挨餓（starving）；同理可證，貧窮（being poor）與貧困（being impoverished）也不能一概而論。有很多人是安於貧窮的。

試想一名住在泥地板茅草屋的婦女。她最有價值的財產是一頭豬。她的境況中完全沒有任何跡象顯示她很貧困；其實，要是她知道有人覺得她必須改變自己的生活方式，她說不定還會很震驚。把情境轉到印度的某個角落。我碰巧在此看到一名美若天仙的女子，雖然只是匆匆一瞥，但我相信她人是住在垃圾堆裡，在廢棄物中努力找地方走，為的是尋找食物和其他可能有用的東西。假如有別的選擇，她會不會想擺脫這樣的命運呢？

在我相對富裕的處境，以及類似我上面提及這兩人的處境之間的差異，多半只是運氣問題。除非你相信某種業報，否則「我生在一個中等澳洲家庭」的事實就跟我本人一點關係都沒有。那

些生而匱乏的人也一樣，並不是他們做了什麼事情，才導致他們過這樣的生活。

那麼，在貧窮與受壓迫的人群間旅遊，會產生什麼倫理問題呢？首要之務是暫時放下你的判斷，等到你了解實情再說。人們很容易以為帶著豬的女人跟在垃圾山上的美人處境相同。但這可能是錯的。我們必須審慎而尊重，把小劇場撇到一邊，去了解相關人等實際上對於自己的處境怎麼想、怎麼感覺。

其次則是必須記著：同情心會被不講原則的人所利用。有人在孩子一出生時就把他們弄殘廢，為的是讓他們做成功的乞丐；他們的殘缺肢體是經過計算，以激起相對富裕者的同情心。有些孩子後來能擁抱自己的處境，但他們所有人──或者說幾乎所有人，都是他人的致富工具。你必須自問，你的同情之舉是不是確實幫助到有需要的人，抑或只是強化了虐待與剝削的循環？

第三，你應該問問自己：你相對奢華的消費行為（例如住在有冷氣的星級旅館），對於經濟是否確實有貢獻，從而幫助匱乏之人的生存？抑或只是利己之舉？誰從你的消費中得益？供應鏈如何運作？你的出現對當地人有好處嗎？

旅行牽涉到與其他人與其他文化之間尊重的互動。這句話意思不是說旅客應該把自己的倫理準則放到一邊，接受旅遊地普遍的作法：這樣做只是裝模作樣，本身也很不莊重。思慮周全、聚精會神的旅人反而是去注意觀察旅遊地的風俗習慣。他們有好奇心但不批判。他們的目標是理解，而非譴責。

好的旅客同時也以來去不留痕跡為目標──不去干擾自己造訪的地方，而是試著讓自己去過的每一個地方都因為自己的造訪

而更好一點。「你旅行的方式」重要性不亞於「你去哪裡旅行」。

問題
THE QUESTIONS

　　旅客造訪第三世界時有沒有特殊的義務呢？旅客如何為東道國的生活「增添價值」？旅客應該適應或接受東道國社會的生活方式到什麼程度？

　　明確來說：

- 你能不能用有如當地人的視角來看情勢？你能直接與當地人交談嗎？
- 你對自己造訪的地方與人民是否抱持沒有根據的假設？
- 你有考慮過你的旅行足跡（traveller's footprint）嗎？
- 你的造訪是否對社群有正面貢獻？你了解自己所踏入的供應鏈嗎？
- 從他人的生活方式中是否能有所收穫？假如有，這些收穫要怎麼落實在你自己的生活環境呢？他人能從你身上有所收穫嗎？
- 你是否以尊重的心態與東道國社群互動？
- 有人試圖利用你的善意嗎？你在乎嗎？你在類似的處境會做一樣的事嗎？

大學學費
UNIVERSITY FEES

　　多年來，就讀大學的花費一直在變化。今天，輿論中的中間立場多認為大學教育是學生與國家的共同投資。學生顯然能從高等教育中得到經濟利益，尤其是以就業與生涯收入的形式；國家則是獲得以技術發展、生產力與創新為形式的實際利益。這一切都是由校務基金與繳交給大學的學費來支持的。

　　現有的安排是讓國家支付學士學位中大部分的成本。學生申貸餘額，但也有人選擇直接付款，以無欠款的方式完成學業。有貸款在身的人只需在掙得合理薪資後才需要還款，而還款期間也能拉長。

　　然而卻有愈來愈多的學生（包括全職學生）必須工作以維持生活，而大學畢業生的就業前景也開始「疲軟」。有鑑於此，我們便需要研究學費的安排方式是否公平。這個問題在政府正考慮讓高教學費鬆綁的時刻尤其沉重。假使真的鬆綁，大學教育的成本將會隨機構與課程而異，但整體上必然會增加。

問題
THE QUESTIONS

挹注學士學位最公平的作法是什麼？

明確來說：

◆ 高等教育應該免費，作為對未來的投資嗎？

◆ 高等教育確實有對國家帶來足夠的益處嗎？將資金投注於技職延伸教育（technical and further education）以及全面性的技術發展，成效會不會更好？

◆ 資金的挹注是否應限於主修那些為社會帶來有形益處的學位──例如醫學與工程？

◆ 學生應該為自己的學習支付一定比例的成本嗎？怎麼樣的比例才算公平？

◆ 對於那些沒有上大學的人來說，拿他們繳的稅去挹注高等教育是否公平？

◆ 償還學貸的公平基礎為何？大學為學位收取的學費是否應有上限？

真相傷人
UNPLEASANT TRUTHS

我常常問人家──這是我工作的一部分──假如他們看到某位摯友的伴侶熱情親吻另一個人，他們會怎麼做？有些人堅決表

示自己什麼都不會說——不要蹚渾水比較好。有些人覺得應該以盡可能和緩的方式告訴友人。但多數人覺得自己會找不忠的人對質，下最後通牒：要麼自己承認，要麼讓你曝光。

最後面那種作法有幾個好處，最重要的就是讓真相有可能大白。人們老是對於自己所見做各種猜想，結果卻錯得離譜。我知道的一個例子是，有兩位職場夥伴（一男一女）常常在下班後見面。男子的伴侶對此一無所知，但伴侶的朋友們卻把自己的懷疑告訴她——結果毀了為她辦的生日驚喜派對！確認事實是關鍵的第一步。

然而有時候也會碰到補上了事實，結果特定的假設得到證實的情況。有時候還是需要講出傷人的或者說「讓人為難」的真相。

問題
THE QUESTIONS

我們預期大家會想知道關於自己的處境，以及自己在世上位置相關的真相。但要是真相會對無辜的一方，或是對整個團體造成傷害呢？如果你深信必須講出真相的話，那你會如何進行？

明確來說：

- ◆ 你對事實以及事實確切代表的意義有沒有把握？
- ◆ 你仰賴的是不是沒有根據的假設？你是不是傳遞這個消息最好的人選？
- ◆ 若是為了避免造成傷害，或是至少讓造成的傷害最小化，

則何時、何地才最適合傳達這些消息？

◆ 情況中有沒有某些正向的東西，是必須在所揭露的內容中占有一席之地的？

◆ 你確定人家想知道真相嗎？還是說他們已經說清楚，有些事情自己寧可不要知道？

不想要的禮物
UNWANTED GIFTS

偶爾會有人給你某個你真心不想收到的禮物。我想到的例子是，某個人的祖母打了一件超醜的套頭毛衣，穿上去只會丟人現眼。她老人家懷著慈愛與自豪，要求收禮物的人穿上。這是生活中會碰到的雙輸局面之一。你該怎麼辦？

商場上也會有些禮物與招待超過合理程度的情況。從大局來看，做生意總是要「相互自利」（mutual self-interest）。一思及此，你對於超過一般作法，甚至是有潛在傷害的招待要如何回應呢？我常聽到在業務部門工作的人，說他們部門的招待還包括了性工作者。假如這超越了你個人的道德準則時，該怎麼辦？

送禮與收禮可能牽涉到很複雜的行為。拒絕禮物有可能讓人為難，有時候甚至會冒犯人。送禮的人有可能因為沒能正確評估你的喜好或倫理框架而尷尬。假如人家覺得你拒絕接受禮物的方式是在否定這個人，或是讓人顏面無光，就有可能冒犯到對方。偏偏要是你接受一份會損及自己的禮物，或是假裝自己喜歡某樣你其實很厭惡的東西，那更是讓自己丟更多的臉。

問題
THE QUESTIONS

你是否了解送禮的文化脈絡，尤其是在這個脈絡中表現的潛藏價值觀與原則？當你在這個脈絡中收禮或拒絕禮物時，有沒有把禮物有意傳達的象徵與情感方面考慮進來？

明確來說：

◆ 你的道德羅盤有沒有好好校準過？還是説，你是把自己個人的好惡（或避免「尷尬時刻」的方便）擺在倫理考量之前？

◆ 接受禮物是否會損及你的價值觀與原則？

◆ 你跟送禮物的人之間的關係（例如是親戚送的）是否會創造特定的義務？

◆ 這段關係是否經得住你坦率表達對禮物的看法？比方説，你能不能跟你祖母説你愛她，也珍重禮物背後的心意，但同時告訴她你不能用這禮物的原因？

◆ 有沒有規定或指導原則能讓你脱身，能夠説出「按規定我不能收……」？

◆ 可不可以收了禮，但用的人不是你——也許其他人沒有利益衝突的風險，你可以表示讓他們自由取用？

投票
VOTING

　　民主政體中公民至關重要的特權與義務之一，就是投票。除了任何實際目的（例如選出代表坐在國會裡）之外，投票也是承認民主國家最終的權威源頭就是公民。其他的政體則是將權威置於他處：神權政體最終的權威源頭是神；財閥政體最終的權威源頭是有錢人；貴族政體最終的權威源頭掌握在貴族（也就是一開始所謂的有德之人）手中。唯有民主政體，讓人民對於統治自己的制度，以及對於行使權力的人握有最終的發言權。

　　投票權在民主制度史上多數的時候是有限制的，也就是擁有投票權的人有限，通常是有財產的男性才能投票。然而到了十九世紀末與二十世紀初（先是紐西蘭，然後才是澳洲），投票權也擴大到女性身上，最終及於所有咸認年紀足以做出充分認知決定的人。

　　人們有時會說澳洲採用強制投票制度，這話不完全對。澳洲強制公民做的事情是「領取選票」。其實，領取選票只是澳洲公民必須做的少數事情之一。實際投票過程採秘密進行，人們沒有投下有效票的義務。因此，假如有人選擇不投，那也不是非投不可。這種作法的另一面是，假使選擇不投票的人對政府政策或施政有任何批評，他們的言論可靠性就會遭到弱化。也許他們的批評有其所本，但是是不投票的人自己放棄了影響選舉結果的機會，從而放棄了政策得到政府接受的可能性。

　　投票人有些基本的事情必須決定，其中之一是當他們投下選票時，要把哪些人的利益納入考量？只考慮自己，或是只考慮自己的至親，這樣合適嗎？還是說投票人應該考慮整個社會的福祉？更進一步來說，選民應不應該聽從愛爾蘭政治家與哲學家埃德蒙・伯克的建議，考慮自己對過去、現在與未來的責任？[30]比方說，你我應不應該考慮到未來世代的福祉？

　　最後，應不應該讓某種關於「如何打造美好社會」的崇高理念——一種讓法律、政策與社會制度能反映出個別公民的核心價值與原則的理念——來指引一個人的投票行為呢？

問題
THE QUESTIONS

　　澳洲人享有公民特權，但隨之而來、必須完成的「公民義務」卻少之又少。出面投票是否應該強制執行？我們如何確保自己的選票真的有影響力？

　　明確來說：

- ◆ 想想你自己的價值與原則，哪一位候選人或政黨最符合你個人對於「美好的社會如何構成」的願景？
- ◆ 你最相信哪些候選人，認為他們能信守承諾，並擁有為你的選區與整個社會的最大利益採取行動時所需的良好判斷

---

[30] Burke, E (2005), *Reflections on the Revolution in France*, http://www.gutenberg.org/files/15679/15679-h/15679-h.htm.

力與品格？

◆ 你關心誰的利益？只有你自己的利益？某個小團體的利益？未來世代的利益？你如何為你所訂下的界線提供合理根據？

職場同事的社會行為
WORK COLLEAGUES' SOCIAL BEHAVIOUR

職場同事間偶爾會注意到自己處在某種會披露個人癖性的社交環境中，結果有的大出眾人意料，有的甚至讓人氣餒。這種環境中未必有酒類，但常常會有。比方說，有個人在工作時安靜低調，結果一台卡拉OK機一下子讓他解放，成功吸引眾人目光。當然，這種差異有可能比上面這個例子更嚇人，尤其是社交與職場規矩在辦公室的聖誕派對上放掉的時候。

不過，你不用參加什麼特別的職場社交活動，也會受到同事的社會習慣所影響。有人喜歡一邊工作一面哼歌或唱歌，這顯然會影響旁人；有人喜歡在自己位子上吃有刺激氣味的食物，整間辦公室瀰漫著別人可能不喜歡的味道。有人把自己的辦公隔間完全當成私人空間，亂得一塌糊塗。另外還有那些熱愛運動的人，他們回到辦公室的時候體態更勻稱、更性感也更快樂，但或許也比同事所能接受的更臭一些。

對於上面提到的這些人來說，這類行為再自然不過了。吃大蒜的人和慢跑的人不是有意影響他人或惹人生氣。他們只是做自己。他們同樣可能會反對其他類型的行為——比方說茶不小口

喝，反而喝出聲音。

　　日常生活中人人都得妥協，工作場所自不例外。理想情況下，妥協應該是出於選擇，而非必要：假如大家都能預想他人的需求，主動調整自己的行為，那就再好不過了。不過，只要有人看不見自己的選擇對他人的影響，那就不可能會自主調適，這時恐怕就必須介入──就算不是為你自己，也要為了其他人而干預。

　　出手干預是很棘手的事。比方說，當事人可能不知道自己吃東西很吵，或是可以在運動後用體香劑，或是自己一直哼同一首歌的習慣會讓人抓狂。在上述這幾個例子裡，干擾他人的都是個人因素，這代表要是告訴當事人他們的行為妨礙到別人，他們恐怕會覺得尷尬，甚至有可能覺得冒犯。另一方面，假如不跟他們說，而他們自己從別的管道發現的話，可能也會一樣尷尬而生氣。總之，你得判斷惱人的情況是否嚴重到讓介入變得合理。假如確實嚴重，那就少不了得體的說法、好脾氣、敏感度和尋求可能解決方法的眼光。

　　迎向問題並提供潛在解決方法是很有效的作法。好的解決方法既能讓人自在，又不會對別人有負面效果。以上面提到的例子來說，可能的解決方法有設置用餐室（外加一台好用的抽風機）、辦公室淋浴間和浴室、供需要安靜的員工使用的耳機，以及在哼歌的人座位旁裝隔音板。

問題
THE QUESTIONS

你如何創造、維持和諧的工作空間，既能讓人做自己，又不會打擾他人，或是對同事造成負面影響？

明確來說：

◆ 你清楚你的工作場所內的社會界線嗎？你的行為是否影響同事的感官覺受，從而破壞了那些界線呢？

◆ 你的同事是否沒有注意到自己影響了他人？

◆ 問題的源頭是否是個人或文化的一部分？是否是此人認同之所繫？

◆ 你有想過問題的可能解決方法嗎？

◆ 有沒有得體又體貼的作法，可以用來讓人家知道問題何在呢？誰最適合去提醒當事人？

◆ 假如對方拒絕改變自己的行為，你有沒有備用方案？

職場霸凌與騷擾
WORKPLACE BULLYING AND HARASSMENT

職場霸凌與騷擾不僅降低生產力，而且大有可能毀了遭針對的個人的人生。問題是，霸凌與「尖銳回應」之間的界線並不盡然明確。至於何謂「騷擾」則端視成為該行為目標的人來認定，而且本來就該如此。

　　「員工應受到監督」是很合理的期待，而且必要時也應該受到上司的糾正與指導。有時候，經理人必須提供對員工批評性的回饋。沒人喜歡被別人批評。有些經理人也不喜歡給負面的回饋，甚至到了過分補償的地步，變成以嚴厲而防衛的態度來應對潛在的衝突。處在這種情況中，員工有時候會宣稱自己遭到霸凌，尤其是當主管持續批評，卻又沒有配套的支援幫助他改正所謂的不佳表現時。

　　只要某個人的舉止讓另一個人覺得不合宜、不能苟同，騷擾就發生了。因此，在不同人之間的不同人際關係模式中，有很大的空間可能會被認定為騷擾，而且也沒有單一、客觀的標準能指出騷擾的實例。這時反而要採取更務實、更有同理心的作法──核心在於一個人有權表示自己覺得不舒服，要求另一個人克制特定的行為。一旦人人都擁有這種個人權利，就必須排除不確定的因素，決定一個人對他人應有什麼樣的行為舉止。你可以直接開口問當事人是否可以接受某行為，或者你就隨時在另一個人表示其反對時停止特定的行為。其中一種對這種處理方法的異見是，這會賦予個人過多的權力，而個人可能會受此鼓勵而提出不合理的反對。為了把關，社會上已經有若干審理機構能驗證反對的合理程度。

　　千萬別忘了，並非所有霸凌或騷擾的案例都是故意的。有些人沒有留意自己對別人造成的影響，甚至不知道人家感到受威脅，可這並不是他們的本意。像這種情形，你只能怪這些人缺乏自覺，但指責別的就不公平了。覺得自己受到特定行為影響的人同樣也有責任，要評估自己的反應性質，是否只是為了讓他人適

應自己而不公平地要求他人改變？無論如何，只要大家更注意自己可能對別人造成的影響，誤會泰半都可以避免。

要人訴說遭到霸凌或騷擾並不是易事，可能會被人貼上「搗亂」、「不合群」、「過度敏感」、「沒有彈性」等標籤。想發出聲音對抗霸凌者和騷擾者，恐怕得鼓起極大的勇氣才行。

理想情況下，一旦需要「叫人家講清楚」，受害者不需要獨力為之，而是有已經準備好提供協助的支持者網絡作為後盾。欺善怕惡的人其實很沒膽，一旦他們自己遭受挑戰，虛張的聲勢很快就會消失，尤其他們得獨自面對挑戰時更是如此。

問題
THE QUESTIONS

要怎麼起身反抗欺善怕惡的人？尖銳的交流有可能是績效管理的一部分，那我們要如何區分真正的霸凌與針鋒相對呢？

明確來說：

◆ 你是否以尊重的態度對待他人？他們是否尊重你？

◆ 背後是否有其他因素在影響──例如與績效有關的因素？霸凌或騷擾的指控是不是其他動機的藉口？

◆ 你是否過度敏感？

◆ 你是否太不敏感──也許是覺得別人認為嚴重的事情沒有什麼？

◆ 你有注意到權力不對等嗎？人家會不會因為這種不對等而有所誤解？你運用權力或職位的方式是否會威脅到他人？

◆ 你是否準備好在有人反對的時候改變自己的行為？

◆ 你可能提出的反對是否合理且有根據？

◆ 是否有可以接受霸凌報告的正式機制？

◆ 當你對抗霸凌者時，有沒有人能與你站在一起？

職場禮儀
WORKPLACE ETIQUETTE

感覺最容易讓職場同仁大動肝火的事情，就是巴望著人家會收拾別人留下的爛攤子，尤其是廚房。這很可能造成一種不作為的噁心循環，成疊的髒盤子和沒洗的玻璃杯一天天增加。終究會有人受不了，打掃一切，說不定還希望此舉能讓別人覺得不好意思，從而承擔自己該分攤的部分。但這很少成功。舊的行為模式通常會受到強化，循環也會繼續。

每一個人都應該負責清理自己製造的髒亂，這道理再明顯不過了。唯一的例外是，除非有人的工作內容確實包括「幫所有人打掃」，或是大家同意負責清理工作——也許是輪流。否則每個人都有責任去直接處理問題，或是安排讓其他人來做。

以後者來說，安排其他人承擔這些責任或許是個合理的選擇。比方說，醫術高超的外科醫生最好還是把時間花在手術台上，而不是喝完早茶後洗杯子。不過，合理運用時間與專業恐怕不是唯一，也不是最重要的考量。比方說，「尊重」就是眾多因素之一：假如外科醫生認為別人的時間或技術比較沒價值，醫院職員可能會覺得這很不尊重人。

　　一般而言，自己用完就清理所需的時間極少，而對公用空間舒適度卻有很大的正面影響。

　　不過問題並不局限在髒碗盤。談到冰箱（例如占用比原本更多的空間，食物擺到發霉，以及放味道重的東西）、公用休息區、共享資源等等，也會出現類似的難題。一旦責任分散不明確，就會有「不勞而獲的人」占人便宜。有些組織的應對方式是明確定出每一個人的義務，只是必須得這麼做還真是不幸。

　　有許多方式可以回應那些不承擔分內責任的同事──有些方式比較成熟，有些則不然。要是你膽子夠大（或是心眼夠壞），不妨把人家的髒東西全堆回他們桌上。或者你也可以直接告訴對方，請他們改善表現。不然你就只能乖乖過日子，自己動手清理。無論你如何反應（包括不反應），試著不要把自己表現得像是悲劇英雄。

問題
THE QUESTIONS

　　假如工作場所有一個或以上的人不接受他們該分擔的責任，讓公共空間與設施每下愈況，我們該怎麼做？

　　明確來說：

- ◆ 當事人對自己的行為有沒有好的解釋？
- ◆ 你願意捲起袖子，幫大家解決問題嗎？你能在不博人同情或心裡不慍不怒的情況下這樣做嗎？
- ◆ 問題有沒有結構性的解決之道？比方說，把工作交給特定

的個人是不是最好的作法？

◆ 你使用公用設備時是否尊重他人？

◆ 能不能用什麼合理的作法，讓人注意到自己的舉止所造成
的影響？

結論
CONCLUDING THOUGHTS

對許多人來說,「活出『經過檢證的人生』」的前景既不有趣,也不好玩。這種過生活的方式聽起來很假仁假義,自找麻煩,讓生活多了不必要的困擾。

有些在宗教中尋求慰藉的人可能會覺得,人類認為自己有能力揣測唯一神意(或諸神神意)的想法非常傲慢。以我個人來說,假如有某種神學懷抱的看法是:神聖的存有(divine being)創造出擁有自由意志、完全獨立的個人,為的只是讓這種生物把腦子關機,讓良心一言不發,不加思索地聽從祭司階級的指示或由人寫在經書上的話語,這種神學我無法苟同。我知道自己是把某些神學體系過度簡化了──對於那些參透了箇中奧秘的人來說,這些神學思想通常縝密得多。但我的說法可以代表大多數宗教信徒的標準經驗。

我也清楚,哲學家呼籲人們去思考自己要選擇過哪種生活,而這會讓每一種極權主義者──宗教上的、政治上的、文化上的統統都是──大為感冒。極權主義者是人性最大的敵人。他們以

「他者」為代罪羔羊，試圖藉此讓你我有歸屬感；他們把異議者打上「叛徒」的標籤，藉此阻止你我反對；他們規定人們遵守符合其目的的規定，禁止源於自由心靈的任何原創構想，藉此壓抑你我對真實的渴望。

少數人可能覺得自己老得沒力氣面對「經過檢證的人生」所帶來的挑戰——太安於原本的生活方式。何必找麻煩？每天要處理的負擔已經夠重了，何必再挑起另一個擔子？我了解這種意興闌珊的感覺，尤其我先前已經為這種過生活的方式，描繪了一幅五花八門的圖像。

不過，假如這本書真有呈現什麼，那必然是倫理考量與你我生活的各個方面彼此交錯，影響我們所創造的世界——而且是共同影響。人類在氣候變遷中的角色不僅只是不變的事實，而是關乎選擇。關於你我如何回應我們身處的社會中與異國最悲慘的人們所遭遇的困境，也是一樣的道理。我們可以顧左右而言他，也可以伸出援手。這關乎選擇。

同樣的道理也能用於我們的人際關係——無論是跟年紀很輕或很老的人都是。在人生路上，我們會遇到一些生活方式看來跟我們個人理念相當符合的人。其他人則會以乍看之下很奇怪、對立的生活方式與我們相遇。我的建議是別急著批判，細察是否有任何隱而未顯的偏見會遮蔽你的判斷。這不代表你得放棄你的價值與原則，或是得成為相對主義者，這只不過是對其他可能有益的生活方式存在的可能性，抱持真誠開放的態度——但願這能強化你自己的看法。這同樣關乎選擇。

大多數情況下，我們的選擇會反映在我們所創造的「事物」

上——不只是有形的物體，也包括人際關係、制度與其餘一切。除了物理定律帶來的局限之外，這些事物都是我們選擇的結果，變成我們選擇的選項。我們也因此對你我所創造的事物有責任。這種責任不盡然與事物對世界的影響有關，畢竟影響力或許掌握在別人手中。「責任」反而是指我們對於自己創造事物時的意圖有責任——尤其是這些事物是否與我們合理認為「善」的目的相符。

每一種新產品或組織結構設計，每一項新政策或措施，每一套新體系——這一切的倫理地位都應該經過檢驗，在擘畫的過程中進行修正。這種作法可以同時應用在公部門與私部門，以及個人、家庭與社群的生活，而且成本並不高。希望這種深謀遠慮的作法，能帶來更長久、更符合公義的結果，顧及眾生的福祉——包括與你我同在的其他生物。

至於年輕人，一切都在你們眼前。你們有機會讓世界煥然一新。這未必意味著破壞過去的一切：好的應該尊重，沒有影響的應該接受，不好的應該從中學習。年輕人帶來希望。他們有理想，擁有尋找人生意義的直覺，而不只是工作而已。他們唯一可能缺少的，是足夠的信心——有可能創造改變的信心。改變仰賴的不盡然是歷史學家記錄的那種豐功偉業。在每一個問題上站在「對的那邊」的能力與意願——從小處著眼同樣能帶來不同。一點一滴，聚沙成塔，世界就會改變。你只需要弄清楚你想走的方向。

「活出經過檢證的人生」沒什麼好風光的。這比過著由習慣構成的人生——縱使是「美善的習慣」——困難多了。路上也不

會有誰叫住你，說：「幹得好。你對事情的看法真不簡單。」多數人根本不會注意。但這是種很適合人類的生活──說不定是唯一值得我們這種人去過的生活。

　　幾十年前，我踏上了成為我迄今人生的一場冒險。當時我寫了首詩，現在我要用這首詩作結。當你將來帶著平靜的心靈與細膩的心智，反思自己會如何回應本書所探討的這些問題時，你也許會想起這首詩。

壯舉
HEROISM

有人認為是危急時刻的白熱鍛造出了英雄。
但還有另一種英雄──
寧靜致遠之人
他們的成就以整段生涯打造。
我們被閃電的凝鍊所震懾，
卻未嘗注意隆隆傳入遠方的雷聲
迴盪在閃電的瞬間已然消逝後。
我們對飛瀑轟然下落目不轉睛
卻遺忘河流平穩的前進。
我們讚嘆海洋的力量，
未覺你我立於大地上
古老峭壁的寧靜見證為你我屹立。

謝辭
ACKNOWLEDGEMENTS

感謝Rob與Jenny Ferguson夫婦，讓我撰寫本書時能待在他們的鄉間小屋中與世隔絕。

另外也要感謝契機出版（Ventura Press）委託我寫這本書，對本書的出版照顧得無微不至。我當然要特別提到我的責編Chris Pirie，字字句句費盡心思，讓整體得以提升。

最後，我這輩子跟許許多多的人合作過。假如少了他們的投入，這本書就不會實現。對我來說，他們每一個人都是比他們自己所認為更優秀的老師。

Everyday Ethics
Copyright © Simon Longstaff 2017
Complex Chinese translation copyright © 2019
by Rye Field Publications, a division of Cité Publishing, Ltd.
Published by arrangement with Ventura Press, through The
Grayhawk Agency
All rights reserved.

國家圖書館出版品預行編目資料

為什麼你這樣想，他那樣做？日常倫理學的思辨與
解答：劍橋哲學博士親擬96道日常選擇，519個延
伸思考，揭開生活大大小小決定背後，不同的哲學
思考運作！／賽門‧隆斯塔夫（Simon Longstaff）
作；馮奕達譯. -- 初版. -- 臺北市：麥田出版：家庭
傳媒城邦分公司發行, 民108.11
　　面；　公分. --（不歸類；157）
譯自：Everyday ethics
ISBN 978-986-344-712-2（平裝）

1. 倫理學

190　　　　　　　　　　　　　　　108018986

不歸類 157

為什麼你這樣想，他那樣做？日常倫理學的思辨與解答
劍橋哲學博士親擬96道日常選擇，519個延伸思考，揭開生活大大
小小決定背後，不同的哲學思考運作！
Everyday Ethics

作　　　者／賽門‧隆斯塔夫（Simon Longstaff）
譯　　　者／馮奕達
主　　　編／林怡君
責 任 編 輯／賴逸娟
校　　　對／呂佳真

國 際 版 權／吳玲緯
行　　　銷／巫維珍　蘇莞婷　黃俊傑
業　　　務／李再星　陳玫潾　陳美燕　馮逸華
編 輯 總 監／劉麗真
總 經 理／陳逸瑛
發 行 人／凃玉雲
出　　　版／麥田出版
　　　　　　10483臺北市民生東路二段141號5樓
　　　　　　電話：(886)2-2500-7696　傳真：(886)2-2500-1967
發　　　行／英屬蓋曼群島商家庭傳媒股份有限公司城邦分公司
　　　　　　10483臺北市民生東路二段141號11樓
　　　　　　客服服務專線：(886) 2-2500-7718、2500-7719
　　　　　　24小時傳真服務：(886) 2-2500-1990、2500-1991
　　　　　　服務時間：週一至週五09:30-12:00・13:30-17:00
　　　　　　郵撥帳號：19863813　戶名：書虫股份有限公司
　　　　　　讀者服務信箱E-mail：service@readingclub.com.tw
麥 田 網 址／https://www.facebook.com/RyeField.Cite/
香港發行所／城邦（香港）出版集團有限公司
　　　　　　香港灣仔駱克道193號東超商業中心1/F
　　　　　　電話：(852)2508-6231　傳真：(852)2578-9337
馬新發行所／城邦（馬新）出版集團Cite (M) Sdn Bhd.
　　　　　　41-3, Jalan Radin Anum, Bandar Baru Sri Petaling, 57000 Kuala Lumpur, Malaysia.
　　　　　　電話：(603)9056-3833　傳真：(603)9057-6622
　　　　　　讀者服務信箱：services@cite.my

封 面 設 計／蔡佳豪
印　　　刷／中原造像股份有限公司

■2019年（民108）11月26日　初版一刷　　　　　Printed in Taiwan.
■2021年（民110）9月　初版三刷

定價：399元
著作權所有・翻印必究
ISBN 978-986-344-712-2

城邦讀書花園
www.cite.com.tw
書店網址：www.cite.com.tw